CORNIDESZ KISS JUDIT

Át a függőhídon

A Kavicslány története

novum pro

Ez a könyv
e-könyvként
is elérhető

www.novumpublishing.hu

© 2021 novum publishing

Minden jog fenntartva, beleértve a mű film, rádió és televízió, fotómechanikai kiadását, hanghordozón és elektronikus adathordozón való forgalmazását, valamint kivonat megjelentetését, illetve az utánnyomását is.

Nyomtatva az Európai Unióban környezetbarát, klór- és savmentes, fehérített papírra.

ISBN 978-3-99107-149-5
Lektor: Sósné Karácsony Mária
Borítókép és illusztrációk:
Cornidesz Kiss Judit
Borító, tördelés & nyomda:
novum publishing

A szerző által a kiadó rendelkezésére bocsátott képek a legjobb minőségben kerültek nyomtatásra.

www.novumpublishing.hu

Tartalom

IV. ÁTLÉPETT HATÁROK

Előre szólok

Röviddel Budapest ostroma előtt születtem, és az ezredfordulón alkalmam lett volna egy másik földrészen hazát változtatni. A gyerekkoromban átélt politikai sokkok következtében ez szép kárpótlásnak tűnt elsőre... A fergeteges tűzijáték után Sydneyben mégis nemet mondtam a lehetőségre. Inkább folytattam életem a rendszerváltás utáni Magyarországon, ahol nem is volt olyan könnyű elérni a harmóniát. Közben tapasztaltam, hogy életminőségünk talán jobban függ saját alkatunktól, mint külső körülményeinktől. Történeteim azonban nem a filozofálásról szólnak, hanem egy rendhagyón élő családról.

Ne hagyd ki, ha bosszankodtál azon, hogy nincs túlélés tantárgy az iskolában. Akkor se, ha érdekel az úgynevezett Asperger-szindróma, vagy csak a túlérzékeny idegrendszer kordában tartása. Ha különcnek tartanak, olvasd végig! Néha biztató, amint hátrányaink előnyökké válnak. Ez a történet olyanoknak is szól, akiknek nincs türelmük részletes családregényhez. Úgy érzem, mintha sötétkamrában lennék, és pár kifeszített zsinórra csipeszelném a képeket, amiket fontosnak érzek.

Eltűnések

A Bakáts téri klinikáról olyan helyre vittek haza, ami még életem kezdetén, 1943-ban is történelmi levegőt árasztott. Közvetlen szomszédunkban élt Schöpflin Aladár író és családja. Az elbeszélések szerint keresztapa minőségében megfordult ott sokszor Ady Endre is. Apám 1949-ben örömmel tréfálkozott, hogy Kossuth-díjas lett az emeletünk Ali bácsi jóvoltából.

A manzárd műterem lakásában Molnár Róza festegetett, majd Biai Föglein István költözött be, és kislányként sokat nézelődtem náluk. Megtanultam például, hogy a súroló fénynek semmi köze a takarításhoz. Naponta láttam, amint felesége csokrokat szállít a csendéletekhez a közeli vásárcsarnokból. A harmadik házifestőnk, Bencze László, modern volt, életemet fiatal felnőttként színesítette, amikor csak bemehettem műtermébe.

Az élet régebben sem volt csendes az impozáns házban. Számtalan vendégeskedés zajlott, jöttek a közeli Károlyi-palotából, meg a Múzeumkert mögötti elegáns negyedből. Az egyik illusztris vendéget csak talicskásként emlegették, sokszor úgy berúgott, hogy éjjel háromkor ilyen diszkrét szállításban volt része.

Minden elsötétült 1944-ben, aminek csak a hatását érezhettem, közvetve. Apa házasságuk első két évére megrendelt. Szinte két apát kaptam, mert Jenő nagybátyám feleségével, Katóval velünk lakott. Nem sokat volt otthon Kató, színésznőként eltűnt filmforgatásokra. A háborús hangulatban az egyik utolsó színházi előadásról úgy érkezett, hogy még magán viselte a sminkje mellett papírmasé ékszereit is. Dédanyám meg is jegyezte:

– Nem tudtam, hogy Jenci felesége ilyen gazdag.

Apám légoltalmi tiszt lett, jól tájékozódott, sokaknak és sokat segített, őt csak kedves Lajosként emlegették. Nagymama is máskép foglalatoskodott a konyhában: már nem a majonézhez csepegtette az olajat, hanem répatortát ízesített. Jenő nagy

9

darab kenyeret szerzett azokban a napokban, amikor lehetetlen volt hozzájutni. Anyám, Valika így hallotta a történetet:

– Találkoztam egy orosszal. Fegyvert fogott rám és felszólított, hogy „sztoj". Megállás helyett mosolyogva válaszoltam, hogy tojok, és mentem felé széttárt kézzel. Tőle kaptam. Kaptuk.

Évekkel később lesújtó hír érkezett oroszföldről. Anya Teréz húga meghalt a malenkij robot alatt. Tévedésből került abba a csoportba, akiket kihurcoltak. Svábok lakta falujukból sok németes nevű fiatal akadt fenn a szűrőn. Anyám több testvérét is magával sodorta a történelem a nagy Bámer családból. Jancsi még vissza tudott térni az orosz bányából, és magával hozta csillés feleségét. Az átélt borzalmak után mindkettőjüknek rövid élet jutott itthon.

Ferenc szerencsésebb volt, őt a szevasztopoli hadifogság után jobb állapotban láthattuk viszont. Állítólag abban az időben kérdeztem meg szüleimtől, hogy mi a rossz az oroszban.

– Még mi sem tudjuk pontosan – fogta rövidre apám. – Reméljük, hogy neked már csak a zene és az irodalom jut tőlük...

Paprikás krumplit kanalazva egy vacsora közben Kató közölte, hogy el fog menni az országból. Senki sem volt meglepve. Nekem néha visszaperegnek a nászútjukról hallott poénok. A Balatonhoz két bőröndnyi ruhát és gyönyörű kalapokat vitt 1942-ben, tihanyi vitorlázásról és koktélpartikról álmodott. Férje hátizsákot és horgászbotot pakolt. Az első közös napjuk hajnalán Kató egyedül ébredt. Az indoklás egyszerűnek hangzott: „Kapásom volt, szívem."

Elsőként Kató húzta le gyűrűjét, hogy ne legyen fehér csíkja napozáskor. Később Jenő, hogy ne zavarja barkácsolás közben. Hangos szó nélkül múlt el a tiszavirág-életű házasság, és kedvenc kutyájukat, Flörtöt én örököltem meg. Embercsempész vitte Katót át az osztrák határon. Bécsben egy magyar származású gyógyszerész várta, banánnal, amit később csodaként említett egyik levelében. Mi otthon még narancsot se nagyon láttunk. Az Ausztráliába tartó hajóról vitorlás-matricákat küldött nekem, aztán hosszabb időre – de egyáltalán nem véglegesen – mindketten eltűntek látóterünkből.

Iskoláskorom kaleidoszkópjában a soron következő években néhány sötét folt jelent meg – házkutatások, börtönbéli beszélők... A Kiss testvérek közös gazdasági pere, egyik 1956 előtt, a másik nem sokkal utána. Nálam valóban csak foltok voltak. Szüleim életében nem. Súlyos teherként telepedtek Lajos és Valika sorsára. Több éven át kellett apám és Jenő bátyja nélkül elboldogulnunk a Királyi Pál utcai házban.

Konstelláció

Kártyaparti folyt a megszületésem előtti este otthonunkban, ami velem együtt négygenerációs bérleménnyé vált. Nálunk élt dédi. Jobbára ágyban feküdt, és valaki mindig be tudott nézni hozzá napközben. Elegáns nagyanyám, szüleim vagy Jenő, néha Kató is, otthoni szereptanulás közben. Dédi legjobban a türelmes és gyengéd Lajosnak örült...

Éjfélt jelzett az ingaóra, amikor anya lehajolt egy kiesett lapért. – Kiömlött a szódád, Valika? – kérdezte az egyik römipartnere, megpillantva a tócsát a szőnyegen.

– Ez a magzatvíz lesz – csodálkozott rá anyám. Aztán kapott egy szenvedélyes reakciót:

– Nehogy szülj most, jó a lapom.

Sokra nem ment vele, mert drukker apám előhúzta a becsomagolt sporttáskát és már indultak is a kórházba, jól ismert orvosukhoz.

Szüleim szerelmi kapcsolatból indult házasságot kötöttek, okos megfontolásokkal. A divatos házassági szerződések korában az övéké ügyvéd nélkül készült, pár sorban. Lajos elvárásait magam is olvastam kézírásos cetlin: egy kispárna, egy saját készítésű, kézzel csomózott szőnyeg az ágy elé, meg egy gyerek kettő éven belül. A szőnyeg neve legyen Tappancs, a gyereké meg majd kialakul.

Valika kikötéseit nem ismertem. Nem lehetett túl sok. Őt sugárzó szépsége repítette az Alföldről a pesti középosztályba. A főleg svábok lakta településen annyi testvére kívánt neki jószerencsét, hogy egy bányászbrigádot is kitett volna. Ha a történelem sodrára gondolok, találónak érzem ezt a hasonlatot, hiszen a malenkij robot során Jancsi öccse orosz bányában dolgozott.

A vajúdás tényleg szerencsés lett: reggel öt óra ötvenöt perckor véget ért egy lánnyal. Még fenn volt a hold, a nap is látszódott, amiről 22 éves koromban meggyőződhettem az ajándékba kapott asztrológiai ábrán. A hozzáértő szerint a Mars árnyékolja sorsom, és sok az úgynevezett üres ház. Vigasztaló kommentár is érkezett sokat tanult készítőjétől: Nem számít a hiány, ha a lélek nem földhözragadt.

A lelkiismeretes szülész és szép mosolyú keresztanyám azokban a hónapokban egy boldog párt alkottak. Előbbi odaveszett a háborúban, utóbbi pedig sokszor megajándékozott a gyerektelen nők sajátos szeretetével.

Helyettem fiút vártak. Péter nevet készítettek elő. Talán nem véletlen a választás, hiszen sziklát vagy követ jelent a szó. Lehet, hogy a velünk kapcsolatos elvárások már magzati korunkban elkezdődnek? A Királyi Pál és a Bástya utca sarkán lévő házba, pár méterre az egykor oltalmazó városfal tégláitól, szikla helyett Kavicslány érkezett.

Sós Balaton, édes könnyek

A kiskorom olyan időszakra esett, amikor minden a feje tetejére állt nálunk. Külön szobám nem volt. A kitelepítés miatti félelemben a hatszobás bérlakásból három garzont varázsolt a háztulajdonos özvegye és Lajos. Rövid idő alatt, és csupa olyan anyagból, amit könnyű volt elérni akár bontásból, akár romos házakból. Akadtak a lakásban kedvenc helyeim. Ringattak a szárnyas ajtónál felfüggesztett hintán, később meg felmásztam a háromszegletű, alacsony cserépkályha tetejére. Gyönyörű, zöld kerámiából építették, és igazi fa táplálta. Jenő nagybátyám lakrészéből jól lehetett az utcára bámulni, mert az övé erkélyes volt.

Lajos és Valika gyerekzsúrok helyett velem folyton kórházba jártak. Igyekeztek mosolygó arcukat megőrizni. A mandulaműtétet követően prímán fagylaltoztunk a kórteremben, mert a sebet jól hűtötte a nem túl nagy választékú vanília és csokoládé gombóc. Szörnyű látványt csak a szemklinikán nyújtottam. A diagnózis könnytömlőcsatorna-eldugulásról szólt, és már haza se engedtek a vizit után. A lila fejű, vonyító gyerek a madonna arcú mamájával azonnal eljutott egy szabad kezelő ajtajáig. Később úgy érte el a hír a rokonságot, hogy a kicsi már édes könnyeket sír.

Bőven jöttek azok a könnyek, amikor Valika és Lajos kettesben indultak el egy hétre az Adriára. Engem játszótársak nem érdekeltek, csak őket akartam. Közben Kató itt hagyott spánieljével, és az ugyancsak itt hagyott Jenő társaságával vigasztalódtam. Papírmaséból készült állatkertet raktam ki, mellé egy lapos edényt, ami tavat képviselt. A Flört névre hallgató kutya itatónak használta. Felnőttkoromban sokszor gondolkodtam nevének az eredetén. Aztán beugrott Kató képe, amint sétáltatja a korzón, és a póráz beleakad egy másik kutyáéba, a gazdája pedig nagyot köszön. Az ilyen „csókolom a kezét"-ismeretségek Flört jóvoltából folyton szaporodtak.

A szüleim nem jutottak el Abbáziáig. Székesfehérvárnál ellenőrizték papírjaikat, útleveleiket elvették. Később azzal a mentegetőzéssel kapták vissza, hogy fülön akartak csípni egy fekete vágásért körözött Kiss Lajos nevű egyént.

– Gyakori név, meg lehet érteni, ugye?

Ők azonban nem fordultak vissza Pestre. Siófoknál leszálltak a vonatról, és apám három napra kibérelt egy szobát a parton. Valami Hangya nevű vegyesboltban vett egy zsáknyi sót, és ahogy mélyült a Balaton, úgy szórta felesége elé.

A tervezettnél így is korábban érkeztek haza és azt látták, hogy nagymama épp az ölébe vesz és mondogatja: Rákosi elvtárs a mi apánk. Ez a védelmező sugallat nem jött be. Gondolkodás nélkül felvilágosítottam, hogy apából nekem kettő is van, és az egyik jobb, mint a másik.

Véresen komoly

Egy tizenéves lányka házi feladata nálunk nem igényelt felügyeletet. Betettem a táskámba, és lefekvés előtt csak egy pohár vízért indultam a konyhába. A küszöbön nem jutottam túl, a vizet végül a fürdőszobából eresztettem.

Kint ugyanis anyámat pillantottam meg, amint elmerülten hajolt a konyhaasztal fölé. Épp egyengetett egy pizsamafelsőt, vasaló meg sehol. A pizsama barna színű volt, Jenőé. Apa hasonló flanelt hordott, kékben. Egyszer csak valamiért hátranyúlt, és akkor megpillantottam egy teljes tollazatú csirkét átvágott nyakkal. A vért gondosan a pizsamakabát elejére csurgatta, és elmerülten szemlélte az eredményt. Képtelenség volt a látvány. Ő, aki nagy rendet tart Jenő szobájában, naponta hat vasalt zsebkendőt visz be, kiszámolja a gyógyszeradagját és két lázmérőt is használ... Ő most szándékosan piszkol azzal a gusztustalan jószággal. Felnézett és észrevett. Kért, hogy menjek aludni, majd beszélünk. Jenőnek reggel üres volt a szobája, az ágya pedig érintetlen. Így maradt két teljes éven át. Priccsre cserélte fel. Akkor nem tudtuk, hogy ez még csak az első priccs lesz.

Hivatalosan azon a reggelen kellett megkezdenie büntetését egy budapesti börtönben. Azt illegális bélyegeladásokért, ezüsttel történt kereskedelemért, valamint valutabirtoklásáért kapta, ami nagyon hasonló volt Lajos párhuzamos peréhez. Jenő sokat magára vállalt, mert Lajos családos, utóbbi meg azért tette, mert a bátyja beteges. Akkorra már nagyon terjedt a kezdeti tüdőcsúcshurut.

Kopasz ügyvédünk nemlétező haját téphette, mihelyt kiderült, apám egyben fizette be mindkettőjük után a honoráriumot. Az átvételi elismervényben nagyobbnak tartották az összeget a szokásosnál. Egyből készen állt a vád a vesztegetésről...

A csirkevéres konyhai közjátéknak különleges magyarázata volt. Anyám éjfél előtt bejuttatta pizsamás sógorát a rabkórházba. Annak az ajtaja befele is nehezen nyílt, de a véres felsőrész, a kései óra, meg némi kapcsolat sokat segített.

Jenő elmondta az igazságot a doktornak négyszemközt. Amióta a svájci gyógyszert szedi, nem látott vért a zsebkendőin. Szeretne egy kis időt orvos közelében tölteni. Úgy érzi, a másik intézményben hamar meghalna, őt pedig visszavárják. Neki szerető családja van. Betegen is végezne valami hasznos szellemi munkát, jól tud németül és angolul.

Nagy hangsúly esett a „kis idő" szavakra. Rábólintottak. Másnap már a folyosón lévő szaklapokból fordított, és ahogy beengedték a könyvek közé, a doktor házi gyűjteménye egyre rendezettebb lett. Először csodálkoztak, hogy latinul is tud az új páciens. Kiderült az is, hogy csak az 1929-es gazdasági válság miatt kellett otthagynia az egyetemet. Ha az nincs, akkor ő kutatóvegyész, nem pedig egy bélyeggyűjteményét kiárusító személy, szálka vagy épp gerenda a hatóságok szemében.

Múltak a hónapok, és egyre kevesebb maradt az igazi, de igaztalannak érzett büntetésből.

– Mivel szerezhetnénk örömöt? – kérdezték tőle. Két cserépnyi virágföldet és paprikapalántát kért és kapott. A paprika beérett, de a paradicsomi állapotnak lassan le kellett záródnia. Ez mégis jó hírnek számított, ugyanis az egészsége közben látványosan javult. Odabenn rendszeres és szigorú életmódra kényszerült, ami jót tett neki. Elkerülhetetlenül megérett rá, hogy áttegyék a „hűvösre".

Amikor a nagykorúság viszonylagos

A budapesti bélyegboltok legszebbike a Váci utca felső szakaszán állt, egy patinás épület aljában. A tulajdonos, apám régi barátja, onnan sétált a virágoshoz és 16 szál rózsaszín szegfűt rendelt, nagy fejűt, hosszú szárast. A kísérőkártyán ez volt olvasható: „Távol lévő édesapádtól a 16. születésnapodra." Az első szó a börtönt helyettesítette. A küldöncnek borravalót adtam, harmadik nap visszavágtam a szárakból, a negyediken Kalmopyrint tettem a vizébe, hogy meghosszabbítsam látványukat. Ez nagymamának nagyon tetszett. Ő volt az akkori családfő.

A zegzugos, háromrészes lakásban azonban nem éltünk magunkban. Az Alföldön megismert Krasznai-Vay malmos család két tehetséges fia lakott nálunk. Pista hegedűs volt az Operaházban, testvére, Jancsi zenei ügyelő az Erkelben. Délutánonként muzsika hangzott nálunk, szép lányok, fiatal művészek fordultak meg a nagycsaládi hangulatot árasztó otthonunkban. Mert külsőre azt mutattuk, és néha azt is hittük.

Tovább ismerkedtem a nagybetűs illúzió fogalmával. Jancsi elvitt a színpad mögötti világba, a zsinórpadlást is láthattam. Egy hatalmas dróttekercsnél megkérdezte, kitalálom-e, mi az?

– Hát persze, kerítés.

Lehajolt, pár centit feltekert belőle, és előtűntek az apró körték.

– Ez a csillagos égbolt – mondta nevetve.

Létezik hát olyan hely, ahol a drótkerítés és a csillagos ég közel van egymáshoz.

Jancsi született képzőművész volt. Még egyikünk se sejtette, hogy sok kiállítása lesz. Azokon pedig időnként úgy fogok megjelenni, mint a kezdetek tanúja. Amikor Jenő üresen tátongó kis műhelyében Jancsi még rézdrótokat kalapált, bizsukat készített nekem belőlük, meg bőrdarabokból tolltartót, egyikünk se gondolt ilyesmire. Keze alatt lassan a művészvilág érmékben, kisplasztikákban elevenedett meg. Később már mellszobrokat is láttam tőle. Ma szobrászművészként tartják számon.

A barna tolltartó pici monogramommal bekerült az iskolatáskába, amikor reggelente „vittem a fejem a tanodába". Így hívtam a gimnáziumot, ahol nem kötődtem egyetlen osztálytárshoz sem, csak a tanáraimhoz. Baráti csoportok alakultak, később szabályos klikkek. Szerettem beszélgetni érdekesebb témákról, de mindig csak kettesben, kerülve az összejöveteleket. Nem mentem házibulikba, nem nagyon vettem részt diákcsínyekben, és ezt többen észrevették. Nem hiányzott senki. Az órák után zsebembe gyűrtem az egyensapkát, amit időszakosan viselni kellett, aztán rohantam haza, az igazi világba. A rózsaszín virágcsokor után kerek egy évvel, 1960-tól, én már a felnőttek életét éltem.

Jancsinak lakása adódott, feleségjelölttel. Akkor Jenő bátyám ismét felszabadult lakrészébe idegen albérlő költözött, Emjé. Szignójából képződött ez a becézés, ő is Jenő volt, és így kerültem el az azonos keresztnév használatát.

Emjé álmokkal teli értelmiségiként lakott velünk, bedolgozásból élt, szenvedélyesen fotózott és filmezett. Egyszer csak engem is, aztán sokszor. Az első szerelem házhoz jött személyében.

Szobájában egyre halmozódott a papír és a celluloidtekercs. Szalagtisztítás közben a műanyag hirtelen meggyulladt, átterjedt, és lakástűz keletkezett. Oltás után néma csend. Közös megegyezéssel mennie kellett tőlünk. Úgy döntött, hogy tényleg messzire. Megtakarított forintjain kétszáz darab lottószelvényt vásárolt, majd valutát szerzett. Útlevél nélkül hagyta el az országot, szegényebben, mint valaha, és szomorúan.

Az érettségi megpróbáltatásai után szembesültem vele, hogy osztályfőnököm nem írja alá az egyetemi javaslatot. Ő volt az egyetlen, akit nem kedveltem a tanári karból, de biztos, hogy nem riposztnak szánta. Meggyőződéses volt.

– Ugyan – emlegette –, belvárosi úrilány két börtönben ülő családtaggal jobb, ha nem tanul népi államunkban.

Nemcsak velem tette meg, hanem még néhány iskolatársammal, akik kétszülős értelmiségi családban nevelkedtek. Ők később külföldi egyetem hallgatói lettek.

Így zárult számomra a szélrózsa évfolyam. Tanultam otthon, és vegyes munkákat vállaltam. Segítettem a Balatonnál egy földmérőnek, ami szinte nyaralásnak számított, hiszen ott állt a házunk Akarattyán. Ott volt velem nagymama, aki még a kutyasétáltatáshoz is felcsatolta fülklipszét és lesimította ruháján a zsabót. Igen, zsabó és zserbó – az a két szó, ami hirtelen eszembe jut, ha rágondolok, kevésbé a fekete rózsafüzér.

Érméket is zománcoztam az Állami Pénzverdében az Üllői úton. Ugrattak, hogy közel vagyok a tűzhöz meg a pénzhez. Ezek a tűzzománccal készített apró korongok kitűzők lettek, és Fidel Castro híveinek szállították.

A pályakezdés előtti vargabetűmet nagy boldogsággal zárta apám második és utolsó szabadulása 1961-ben. Egy szerteágazó, sokszereplős gazdasági per vádlottjaként Jenővel együtt került bele, csak apám egy évvel kevesebb büntetést kapott.

Amikor már bélyegboltban dolgozhatott, neki segítettem. Katalógust fordítottam két nyelvből magyarra, gyűjteményeket szállítottam a bélyegrendelőknek. Szűk egy évvel később Jenő is letöltötte büntetését. Megint nagylétszámú család lettünk a Királyi Pál utcában.

Véletlenül férjhez mentem

Az az idő, ami közvetlenül megelőzte az eseményt, valahogy teljesen irracionálisnak tűnt. Mintha nem is velem történt volna. Apró szemű, vizes hó esett a várkerületben, amint egy decemberi délelőtt taxik és autók egyszerre parkoltak le a várban, a Bécsi kapu téri templomnál. A menyasszony az 1962-es év divatjának megfelelően nagygombos, bolyhos fehér kabátot viselt rövid ruhával és mini fátyollal, amibe bele-belekapott a szeszélyes szél. A szinte gyerekarcot bronzbarna banánkonty tette felnőttesebbé, műtermi fényképészt nem is hívtak a megörökítéséhez. A fotókat a vendégek közül kikerülő filmgyári operatőr készítette. A fehér ruhás alakon a sötét szemek domináltak, alig viselt sminket, de az vízálló volt. Sem az örömkönnyek, sem a bánatéi nem rontották el külsejét. Lett volna szükség az utóbbiakra is, délután négy óra tájt. Addigra az ifjú pár befejezte ebédjét, és Zakopane felé tartott gyorsvonaton. Fogalmuk sem lehetett az otthoni történésekről.

Távozásuk után Ilus, Jenő akkori felesége rosszul lett, és lepihent a szomszéd szobában. A meghívottak már a gesztenyepürénél tartottak, de hamar le is tették a kanalat, amikor szirénázó mentő verte fel a belvárosi utca csendjét. Felgyorsította az eseményeket, hogy orvos is tartozott a rokonsághoz. A fertőző májgyulladás alapos gyanúja gyorsan befészkelte magát a szalonba. Míves ezüsttálcán konyakok sorakoztak, mellettük házi készítésű likőrök, velük enyhítették a gyorsan beállt rémületet.

Már távolinak tűnt az egész délelőtt. A fényes, fehér ruha a bársonyosan nyomott virágmintáival, a fess vőlegény, aki bélyegkereskedőként jó passzolt a sok filatelista közé... A vele ellillanó menyasszony, a két tanú: Valika csupa mosoly öccse, Józsi, s az új férj csupa szemüveg barátja, Géza. A vendégektől pár méterre száradtak a fehérre meszelt falak az egykor személyzeti szobának nevezett helyiségben, hogy az legyen az első otthonuk a hazatérőknek.

Ez az időkép az én esküvőmön vésődött bele sokak emlékezetébe. Mi ketten a rossz híreket a zakopanei postán tudtuk meg. Attól nem messze, egy faházban béreltük ki a vendégszobát és hallgattuk a száncsengőket. A tudat, hogy élve nem fogom viszontlátni Ilust, szomorúsággal kevert nyugtalansággal töltött el. Ő Rothschild Klára szalonjában forgolódott, egyik beszállítója volt. Mialatt igazgatta a gombostűket a próbámon, biztosított róla, hogy enyém lesz a legszebb menyasszonyi ruha az akkor még kissé szürke Pesten.

Belegondoltam, hogy ezért magam is fertőzött lehetek, talán a férjem is. A testem úgy kezdett viselkedni, mintha kikapcsolta volna az emésztés funkcióját. Párom ajánlkozott, hogy gyógyszert hoz, elboldogul ő a nyelvvel, hiszen a lengyelek is úgy mondhatják, hogy karbon. Hozott is, bevettem, folytattam. Végül gyanús lett túl sötét színe és rájöttem, hogy az ellentétes hatásút eszegettem. Közben kint nőttek a hótorlaszok, egyenes arányban náthánkkal és köhögésünkkel. Sanyi a háziasszonytól mézet kért. A kommunikáció züm-züm hangutánzással kezdődött, közben úgy mozgatta vállát és ujjait, mint egy repülést imitáló táncos.

Hamar vissza kellett térnünk Pestre a már száraz falak közé. Injekciókat döftek belénk sok vizsgálat után, csak a nevük hangzott szépen, talán a ritmusa miatt: gamma globulin. A fertőzést megúsztuk, de a romantika vele úszott. Tizenkilenc éves voltam. A férfi, akinek az otthoni forgatókönyv és a saját engedelmességem társul rendelt, éppen harminchat.

Családi forgószínpad

Férjem egy nap a televízió stúdiójából sugárzó arccal sietett haza hozzánk a nagy kommunába és kirakta a könyveket, amiket a műveltségi vetélkedőn nyert. A fejlődő Afrikáról kevesen tudtak annyit, mint ő, aki a teljes bélyegállományukat ismerte, legyen az régi vagy új ország kiadványa. Alig vártam, hogy adásba kerüljön, büszke voltam rá. Magam a bélyegekből jövő információkat értékesnek tartottam, de férjem és apám foglalkozása nem festett követendő pályát.

Ők ketten órákon át böngészték a katalógusokat. Néha Jenő elvonta Sanyit egy-egy sakkpartira, ilyenkor almát és sajtot eszegettek, én meg tanulhattam. Pompás volt, nem kellett háztartást vezetnem. Sok pihenésre volt szükségem, de nem tudtam, hogy miért. A déli főzés Valika privilégiuma maradt, a vacsorázás pedig programfüggővé vált, többnyire hideg koszt lett belőle, hazafelé vásároltuk.

Egy vasárnap délután csatlakozott hozzánk a Füvészkert igazgatója, Rezső bácsi. Felkiáltott, amint Sanyi kidugta fejét a kis szobánkból.

– Te itt, fiam? Lajosomhoz jársz bélyegkészletekért?

A válasz azonban jobban meglepte, mint a látvány.

– Először csak azért jöttem, hogy Jutkával lehessek...

Rezső bácsi ezen csak nevetett, hogy a Lollobrigidát is olcsóbban nézhette volna a moziban.

Házasságunknak köszönhetően más nevet viseltem, így gond nélkül átment a jelentkezésem, és felvettek a Külkereskedelmi Főiskolára. Francia–angol szakra jártam. Férjem a táskámba rendszeresen szendvicseket tett, hogy elérjem az ötvenkilós súlyt. Többnyire téliszalámist. Az első adagot egyből almára cseréltem, és társaim kuncogva fedezték fel, hogy egy megcímzett levél fekszik mellette.

– Akkor te vagy a Tücsök otthon? – nyújtották át kissé bezsírozva a mellékletet.

– Igen – bólogattam –, így hív a párom.

Később mindig gondosan átnéztük a főiskolán a papírszalvéták rétegeit. Néha újságkivágást találtunk, olyat, mint „Tücsök és bogár" vagy vicceket a Ludas Matyiból. A kilók nem jöttek, de a mosoly legalább szaporodott. Egészen nagymama haláláig. Az komoly változásnak számított közös életünkben, mert már Sándor is kötődött hozzá. Ő hallgatta a legtürelmesebben Sanyi családjának történetét, és hamar megbocsátotta, hogy nem katolikus templomban kezdte velem házasságát. Ő értette meg igazán, hogy a tátralomnici unokaveje diákként visszasírta szülei hegyi panzióját. Aki keserű és kritikus lett, ami nem tett jót magyarországi beilleszkedésének. Szobájában plafonig érő polcokon gyűjtötte a régi újságokat. Ha valaki a takarításhoz felhasznált egy párnapos példányt, máris mikrofilmezést vagy új beszerzést helyezett kilátásba... Igazi különcnek tartotta szinte minden ismerősük. Csak én nem. Az elején.

Nagymama volt az, aki Sanyi síléc-ajándéka után a bokám borogatta. Hiába erőltette párom a téli örömök hangulatát, a régi tátrai élményt nem lehetett visszavarázsolni. Csak egy gyerekfeleség kínlódott mellette fájós lábával.

Nagymama halála után áttelepültünk az egykor személyzetinek nevezett szobánkból az ő garzonná alakított részébe. Már valamivel kellemesebben éltünk mindannyian a Kádár-korszakban. Fészekrakás kezdődött, emlékőrzéssel. Valika és Sanyi ebben nem működtek együtt a közös fedél alatt, annyira különböztek. Furcsa társasjáték indult be köztük, magam opponenciának kereszteltem. Anya például kitisztította férjem egyik cipőjét, a másikat szorosan mellé rakta piszkosan a hosszú előszoba folyosóján. Ez kicsit nekem is szólt.

Egy délután, kevéssel kanasztázó barátnői érkezése előtt, megkérte férjemet, hogy köszönjön be társaságukhoz, hiszen ideje bemutatkozni.

– Rendben – nevetett rá Sanyi. – Viszont úgy készülj, Valika, hogy nem lesz meg a várt hatás. Ki fogom tömni a zakóm hátát kispárnával, majd dadogok, és közben sétabotra támaszkodom. Jutka nagyapjáé még itt van kéznél. Majd néznek, hogy micsoda vőre tettél szert...

A hivatalos bemutatás ilyen előzmény után elmaradt, és Sanyi nyugodtan olvashatta pizsamában – borotválkozást mellőzve – a Volksstimmét, az egyetlen német nyelvű újságot, amihez hozzá lehetett jutni.

Az opponencia játékmezején szaporodtak a kisebb-nagyobb dobások. A legemlékezetesebb férjem kezéhez fűződött. Karácsony este tízkor még nem találta a nyáron megvásárolt díszeit, késleltetve ezzel a gyertyagyújtást, és főleg a vacsorát. Valika sürgette, hogy hagyjuk, az nem is olyan fontos.

– Nem?

Akkor repítette le a porcelán levesestálat, ami párologtató edényként funkcionált a mi vaskályhánk tetején.

– Költözzünk külön – így szót a javaslat másnap reggel. Nem lepődtem meg, hiszen már gyűltek az előjelek. Először nem vettem komolyan – sok mindent a humoros kategóriába soroltam, ha jóképű férjemről volt szó. Nagymama szerint Jávor Pálra hasonlított.

Édesanyja, akit Nagyanyósnak neveztem, meg is kérdezte, hogy mennyi edényt tört nálunk az ő fiacskája az első év elteltével?

– Egy kerámia hamutartót – válaszoltam. Csak tizennyolc forintost, az iparművészeti boltból. Sanyikával kifizettettem, és felejthető a téma.

– Szerencsés vagy, kedves – jött a folytatás Nagyanyóstól. – Nekünk már nincs ép szervizünk otthon. Tudod, áldott jó fiú, de az idegrendszere labilis. Te vagy az egyetlen, aki jót teszel neki.

Úgy lehetett, és hogy úgy is maradhasson, baráti válást latolgattunk négy év után. Az csak a naptárban volt annyi, hiszen az első évünk december huszadikán indult, és az utolsó január hetedikére esett. Hat hónapnyi különéléssel, közös megegyezéssel simán visszaállítottuk mindkettőnknek az eredeti állapotot...

Ügyvéd azért kellett hozzá. Apám barátjánál, Bárándy Györgynél ilyen apró felkérés szóba se jöhetett, de felesége elvállalta. Figyelmeztetett minket az utolsó tárgyalásra várva, hogy ne fogjuk egymás kezét, mert mindjárt jön a bíró és furcsa lesz. A válás kimondása gyorsan ment, és ezalatt a szomszédos helyiségben örökbefogadással kapcsolatos eljárás zajlott. A 18 évnyi korkülönbségünkkel tréfálkozva Sanyi felvetette, hogy nézzünk át, szívesen örökbe fogadna... Nevetett a mantrámon, miszerint nekem már két apám is van. Inkább menjünk egy jó kávét inni.

Utána még tizenöt éven át érkezett tőle egy cserép piros mikulásvirág minden decemberben a Királyi Pál utcai lakásba. Halálhíre mélyen érintett. Azt láttam, hogy a szertartáson nincs se özvegy, se gyerek, csak bélyeggyűjtők, kereskedők, ismert különcök. Ott volt viszont egy drága arc: egykori tanúnké, Gézáé. Ő karolt belém, amikor a gerberacsokrot bedobtam a koporsó tetejére. Megrázó volt felismerni, hogy én még fontos lehettem abban a képben, amit annyi raszter fedett válásunk után.

A temetés végén Géza elvitt annak az egyetemnek a menzájára, ahol tanított. Ő a keleti kultúra egyik magyar képviselőjének számított, részt vett Kőrösi Csoma Sándor síremlékének a rendbetételében is. Sanyival együtt voltak fiatalok Tátralomnicon. Elhaladtunk a Gólyavár mellett, betértünk az étterembe, ami tömve volt fiatalokkal, új életek ígéretével. Kétszemélyes halotti toron búcsúztunk egy nehéz sorsú, különleges embertől, akinek jól csengő vezetéknevét máig is viselem.

Denevértől a veszett rókáig

A válásunk után nem sokáig éreztem magányt. Új világ kezdődött új jelölttel, aki jogász létére szabadidejében az elfeledett vagy elsüllyesztett szobrok sorsát kutatta.

Hét éven át két lakásban éltük a városi értelmiségiek kultúréletét, Szobros és én. Egy esküvői vendégseregben ismerkedtünk meg. Még a helyszínen kiderült, hogy mindketten félünk a házasságkötéstől, és a közös lakással együtt járó alkalmazkodástól. Pedig azok bizony természetes dolgok. Onnantól kezdve jártunk, ahogy ezt pestiesen mondják. Szobros a becenevét kitartó érdeklődésének köszönhette, de én csak magamban hívtam így. Elvégre nem skatulyázunk be senkit, és minket se címkézzenek, ha lehet...

Egy nap megkérdezte, hogy fenn tudnék-e vele maradni egy üveg pezsgővel reggel hatig, mert akkor jelenik meg élete első cikke két meglelt szoborról. Aludni úgysem tudna.

Miért? – gondoltam. Örömében vagy félelmében? Ezt a dolgot is csak sokkal később értettem meg, amikor velem is hasonló történt egy szívemnek kedves írásnál. Bizonyára a saját bőrünkön át tanulunk a leghatékonyabban. Igent mondtam kérésére, bár a szilvesztereket sose szerettem, de ez más volt, egész más. A Magyar Nemzet jelentette meg kutatásának első eredményét a Keleti Pályaudvar falfülkéibe visszakerülő szobrokról.

Éjjel két óra felé nyitva volt az erkélyajtóm, és a kivilágított szobába berepült a padláson lakó denevér. Akkor már én éltem Jenő bátyám egykori lakrészében. A denevér ütemesen kerengett a csillár körül. Mesebeli látványt nyújtott. Valahogy azért meg kellett szabadulni tőle, mielőtt lever valami kedves darabot otthonomban. Lekapcsoltunk minden fényforrást és egy olvasólámpát vittünk ki, gondolva, majd annak fényét követi. Úgy is tett.

A későbbi cikkeinél már beértük egy korai programmal, némi vörösborral nála, édesanyjától átszállított ételekkel. Nekem áldás volt ez a létforma a sokat sztrájkoló fizikumommal. Kéthetente takarító érkezett Szobroshoz és foglalkozhattunk azzal, ami érdekelt vagy szórakoztatott. Már amikor munkahelyeink nem facsartak ki bennünket túlzottan. Szobros a jogi tevékenysége mellett edző is volt kevés szabadidejében.

Megbeszéltünk egy jövőképet, amely mindkettőnk alkatának megfelel majd hosszabb távon. Könnyedén hangzott, de nem volt az. Viszonylag gyorsan alakulni kezdett a folytatás. Elővételben jegyünk volt a Kék róka című színházi előadásra. Hősiesen még viccelődtünk is – nocsak, a kék rókából veszett róka lett... Mert oda már nem megyünk együtt, ez így tisztességes az új starthoz. Akkor ennyi, függöny – most.

Korrekt szétválásunk után pár hónappal, hazafelé menet véletlenül megláttuk egymást a jogi egyetem árkádjainál. Mielőtt Szobros befordult az épületbe, megfogta a kezem és magával húzott. Nem szóltunk, mintha ez a némajáték nem is számítana találkozásnak. Pedig az volt a valódi, végleges búcsú. Amikor futólag megcsókolt a folyosón, megpillantottam egy kiírást a szemközti ajtón: Polgári engedetlenség. Ott és akkor kezdődött az ellentéte, a kölcsönös polgári engedelmesség korszaka.

Felettem meg gyülekeztek a felhők. Válasz nélküli kérdések felhője. Hogyan egyeztessem össze az alkatomat és furcsaságaimat egy másik ember igényeivel és kényelmével? Hogyan győzzem energiával a távollétekkel járó munkát és a háztartást? Ha igaz apám útravalója, hogy nem véletlenen múlt a létem, akkor talán választ is kapok. Csak az a kérdés, hogy mikor és hogyan. Egyedül vagy segítséggel? Végül a lassú kutakodást választottam a magam módján és a magam ritmusában. Irány a könyvtár és a nagyvilág.

Fel-feldobott kő

Utazásaim alatt mániákusan vonzódtam a hajók mellett a repüléshez is. Magyarországon csak a kilencvenes években lett alkalmam arra, hogy beszálljak egy kétszemélyes vitorlázógépbe. Ez Hajdúszoboszlón sikerült. A Hortobágy felett tett a pilóta rövid kört. Így is pompás – gondoltam. Magamban már rég elsirattam a stewardess-álmokat, amit a könnyebb világlátás eszközének hittem.

A hetvenes évek második felében pedig az isztriai nyaralást azért választottam, mert a Vrsar nevű kis település sportreptérrel büszkélkedett. Egy napfényes reggelen kimentem, azonban nem jött elegendő utas. Bosszankodtam, hogy már megint ott vagyok, ahol kevés ember jár. Meg hogy nekem megint valami olyasmi kell, ami nem is fontos. Igen, ezek részei voltak a „kisátoknak", ahogy furcsaságaim és akadályaim jó részét neveztem. Nyitott büfé sehol. A forgalmi irodából később forró víz kerülközött és kávépor. Kedvesen, csak úgy vigasztalásul. Még mindig nem tapostak egymást az utasok. A várakozás közben a taposásról eszembe jutott egy tömött vonat Budapest és Balatonakarattya közt. Ott a cipőm Márti barátnőm lábát találta el, és ő rögtön felszisszent.

– Ráléptél a fájósra – panaszolta grimaszolva. Az én reakcióm a „ne haragudj" vagy a „bocsáss meg" helyett egész más volt.

– Nem tudtam, hogy fájós.

Ezzel el is intéztem, tárgyilagosan. Hát igen, ilyen reakciókat kellett kinőnöm felnőttkoromra.

Az idő ment, a kinézett sétarepülést törölték azzal az ígérettel, hogy három nap múlva, hétvégén, majd sikerül. Véletlenül se sikerült. Újból az épület előtti füves területen üldögéltem, elkerülve a helyi kávé kínálását.

Arra jött az egyik pilóta sisakkal a kezében.

– Láttam magát szerdán benn. Mi a csudát keres itt?

– Ja, tényleg csodát. Szeretnék repülni, mert még ma este utazom haza Budapestre, és egy újabb évig biztos nem lesz alkalmam.

– Nekem ma végkimerülésig itt kell lennem, és lesz egy gyakorlórepülésem is. Felvihetem, csak át kell variálni a papírokat az irodásokkal. Jó így?

Toninak hívták. A szél úgy süvített a magasban, hogy a keresztnevünkön kívül más nem is hangzott el. A nudistatelep fölött lejjebb kormányzott, olyan volt, mint egy kis kacsintás: *Na, milyen szabad országunk van nekünk?* Majd megint emelkedtünk, odalenn hullámzott az Adria, és zölden csipkéződött a part. Nem szoktam foglalkozni a halállal, de ott fenn máskép gondoltam. Ha lepotyognék a zöldeskék vízbe, vagy koppannék a parti köveken, egyből véget érne a családom meséje. Legalábbis az apai oldalé.

Már iskolás koromban megosztották velem azt a tragédiát, amit anyám vetélése alatt 1944-ben átéltek. Péter nevű öcsém lehetett volna... A háborúban a vér nemcsak a frontokon ömlött. Sem apám bátyjának, sem az unokatestvéreiknek nincs leszármazottjuk. Én talán azért létezem, mert Lajos éppen Valika családjának virulens ágával találkozott.

Sugárzó napsütésben landoltunk. Övtáskámból előkerült a pénztárca, de Toni csak a fejét rázta.

– Ajándék.

– Miért?

– Bátorságért

Leány lett.
Azért örülünk.

Szüleim az
esküvőjük napján,
1942-ben.

Bors Kató a családi
forgó-színpadra került.

1962-ben „igazi retro"esküvői ebéden balról jobbra: Józsi, Jenő,
Judit és Sanyi, Lajos, Ilus, Valika.

Fehér éjszaka

Fehér éjszaka, álmatlan éjszaka. Felnőtteknél gyakori, gyerekeknél nem hinném. Az általános iskola felső tagozatába járó igazán gyereknek számít, de nálunk megtapasztaltam az „elég nagy már" minősítést szinte naponta. Este nyolckor még kézimunkával bíbelődtem. Anyák napján szándékoztam átadni, egy hónapom volt rá, titokban készült, apránként. Valikánk késett. Többet, mint ami jól jött a meglepetésnek. Egy porcelán kenyérkosárra terveztem szalvétát a nyár színeivel: búzavirág, pipacs és sárga kalász. Utóbbi végül elmaradt, köszönhetően egy felvételnek, ami óriási búzamező szélén Rákosi Mátyást ábrázolta. Nem tudtam, hogy pajtás vagy elvtárs minőségében, de ő morzsolgatta a termést.

A kenyérkosarat legalább ötven éve vásárolták. Letört az egyik füle, de viselte azt a feliratot, hogy „Nyitra". Úgy érték. Kiss nagyapám első állomása volt pénzügyőrként. Este kilenckor eltettem a készülő alkotást és kezdtünk aggódni. Telefonunk nem volt, mert a kérvényét elutasították. Éjfélig három csengőt is megnyomott nagyanyám a közelben, ahol elvileg lehetett Valika, de senki sem tudott róla.

– Reggel elmégy a rendőrségre és bejelented – közölte hálóingben.

– Egyedül?

– Igen, attól meghatódnak, és gyorsabban segítenek. A 15-ös busz elvisz a Szalay utcába.

Fejből tudta még a házszámot is. Hogy mit tesz a történelem egy ősz hajú nyugdíjassal? Mások talán keresztrejtvényt fejtenek ebben a korban.

További tájékoztatás is érkezett tőle.

– Sétáltunk mi már arra együtt is, emlékszel? Az Országház sarkánál végződik az utca.

– Jó, de az iskola?

– Igazoljuk. Megoldom.

Közös szobán osztozkodtunk, és már Akarattyán megtanított, hogy ha nagyon horkol, fütyüljek. Bevált, viszont félóránként újra kellett kezdeni. Felkapcsoltam a kisvillanyt, olvastam Verne egyik regényét, és lassan a lapozgatások követték az ő hangritmusát. Végül a fütyülést átvette az ébresztőóra éles csengése. Már nyitáskor ott toporogam az épület előtt. A portás telefonált, a várakozók előreengedtek, valaki elkísért az ügyeletes tiszt szobájába.

– Szokott a kedves mama éjszakánként eltűnni? – Ez volt a meglepődött ember első kérdése.

Tüzelt az arcom. Hideg kézzel, fehér ujjakkal fogtam az íróasztala sarkát és csak ráztam a fejem. Erre leültetett és elmondta, mit kell értenem a razzia kifejezésen. – Előfordul, hogy valaki csak később tudja kellően igazolni magát. A felszabadulás évfordulója előtt megesik az ilyen razziázás.

Azzal felírta az adatokat és megsimogatta az arcom.

– Anyukád délutánra biztos otthon lesz.

Ez már jobban hangzott. A nagymama zseni.

Igazat szólt a tiszt, Valika tényleg hazaért négy óra felé.

– Ígérd meg – kérlelt –, hogy a legközelebbi beszélőn nem mondod el a „fiúknak", hogy én is kipróbáltam a priccset.

Aztán eltűnt a konyhában és a nagymamával pusmogott. Így ő frissiben értesült a teljes történetről.

Anya betért a Kecskeméti és a Bástya utca sarkán lévő eszpresszóba, hogy használja a nyilvános telefont. Nem ült asztalhoz, nem állt a pult előtt, nem fogyasztott semmit. A bejárattól nem messze a fali telefonnál épp befejezte az ügyvéddel beszélgetését, amikor már nem engedték távozni a helyiségből. Lezárták az ajtót, és záporoztak a kérdések a retikülből előhalászott papírjai fölött.

– Ha a férje ül és a lánya még csak iskolás, akkor maga miből él?

– Anyósom nyugdíjából.

– Haha – zárták le a témát.

Bezsuppolták a kinn várakozó rabomobilba, ahol egy szál férfi se tartózkodott, csak kifestett és feltűnő nők. Helyet szorítottak a szürke gyapjúkosztümös anyámnak, és az egyik megkérdezte jólelkűen:

– Hát te, szegény, hogy kerültél ide? Szobáztattál?

– Hát, ahogy vesszük. Ma kitakarítottam mindegyiket, de a családomnak... Nem messze lakunk innen, és én csak telefonálni jöttem be.

Hatásmozaikok

Anyám az erősekkel szemben ösztönszerűen harcolt, vagy azonnal ellenkezésbe kezdett. A gyengéket, nehézséggel küzdőket pedig következetesen támogatta. Így aztán az empátia adományát minkét szülőmtől kezdtem elsajátítani, de nyomukba se léphettem.

Húsz év körüli lehettem, amikor meghívtuk diákkori levelezőtársamat, egy afrikai egyetemen tanuló francia leányt, Noëlle-t. Érkezése után pár nappal családostól házon kívül ettünk és mindenki jól szórakozott. A korai kávénál Valika figyelmeztetett, hogy rendeznivaló akadt.

– Mondd azt Noëlle-nek, ha felébred, hogy éjjel rosszul voltál a gyomroddal – tanácsolta.

– Semmi bajom.

– Nekem se, de a kis barátnőd ki-be járkált a fürdőbe szinte hajnalig. Szerintem még ma is zavarja a zaj, amit csapott.

Így tettünk, és Valikánk a közös reggelit végigmosolyogta. Akárcsak négy évvel később, amikor menyasszonyi ruhában látta Noëlle-t egy magyar fiú oldalán. Utóbbit pont Lajosnak hívták, és az én szememben jó óment jelentett. Noëlle tehát az ösztöndíja után is itt maradt, a Francia Intézet munkatársa lett, és felneveltek három örökbefogadott magyar kisgyereket.

Jólesik visszapillantani azokra a történetekre, amiket megosztottak velem szüleim a megfelelő életkorokban. Én még rácsos ágyban feküdtem, nagy masnival a hajamban, amikor Lajos asztalán gyűltek a felmenők keresztlevelei, egészen a jász dédapámig. Sok barátjukért aggódtak abban az időben.

Egy délután anyám észrevette, hogy a házmester udvarából kijövet két egyenruhás kezdi ellenőrizni a lakókat. Gondolkodás nélkül kézen fogta Reiszman háziúr éppen hazatérő leánykáját és behívta hozzánk. A mosogató mellé állította, háttal a konyhaajtónak, valami rövid magyarázattal. Ő gyorsan háziruhába bújt.

Kisvártatva csengettek, és a két tiszt unott arca felderült, amint megpillantották a háziasszonyt hosszú pongyolájában. Mentek utána, ránéztek a kicsire, azaz jómagamra, majd az egyik megjegyezte, hogy a nagylány milyen szorgalmas. Közben lapozgatták az iratokat. Azt mondták udvariasan mentegetőzve, ez csak rutin felmérés, ők senkit sem keresnek név szerint. Valika nem is fontolgatta, milyen reakció jó ilyenkor.

– Falubeli rokon a nagyobbik lány. Kicsit segít nekem a háztartásban és megnézi a belvárost.

– Milyen praktikus – jegyezte meg egyikük, és egy pohár üdítőital után kézcsókkal távoztak.

A másik családi történetet keményebbnek éreztem, talán mert már felnőttkoromban mondták el. Apám üzletfele, Pali Csehszlovákiából azokban az időkben érkezett, amikor elrendelték a megkülönböztető csillag viselését. Igazoltatták, és valahol a budai hegyekben lévő épület egyik kihallgatószobájában kötött ki. Ketten faggatták.

– Miért jött Budapestre?

– El akartam adni a bélyeggyűjteményem.

– Kassán nem lehetett?

– Itt találtam olyan kereskedőt, akiben bízom.

– Mi a neve?

– Kiss Lajos. Régóta ismerem.

– Esetleg a családját is?

– Igen.

Az idősebb tisztet Antinak szólította a fiatalabb kollegája, és utóbb kiderült, hogy Fegyvernekről származott ez a rangidős Antal. Akárcsak anyám. Megkérdezte, hogy hívják az említett kereskedő feleségét. A „Valika" válasz úgy hangzott, mint egy jelige. A tisztek vizet kortyolgattak az asztalnál. Húzták az időt. Aztán egymásra néztek és olyasmi következett, ami egyáltalán nem illett sem a helyhez, sem a helyzethez.

– Milyen színű a haja?

– Szőke, hullámos. Ő egészében gyönyörű.

– Engedjük haza – szólt az idősebb kihallgató. A megkezdett papírt zsebre vágta, és elhagyta az irodát.

Ólomkatonák, és igaziak

A világszerte megismert magyar 1956-os forradalom erős személyes emlékeként kettőt őrzök, az óvóhely akolmelegét és egy rövid kimerészkedést.

Márti barátnőm édesapja, Tibor, játékboltot vezetett, és nagy doboz katonafigurát hozott le a pincénkbe, csomó festékkel. Elfoglaltuk magunkat, és ahogy színesedett a művünk, úgy nőtt a remény, hogy majd lesz, aki játszadozik velük egy életnek nevezhető életben.

Édesanyám csehszlovákiai gyógyfürdőben újságokból tudta meg, hogy mi is történt október 23-án. Körülményesen vetődött haza egy hajón, Rajk Lászlóné segítségével, a halottak ünnepe idején. A Duna vizében sokszorosan tükröződtek a gyertyák fényei. Budapest rengeteg új halottat gyászolt. Ezt is fel kellett dolgozniuk az összegyűjtött utasoknak.

Október 23-án én pont délutános voltam a Váci utcai iskolában, és hazafelé tartva furcsának éreztem a város hangulatát. Nem siettem. Valika külföldön járt, apa és Jenő színházba mentek Márti szüleivel – egy Molnár Ferenc-darabra kaptak jegyet. Ketten maradtunk estére nagymamával, akkor már Flörtöt is elvesztettük. Nélküle sétáltam el egészen a Múzeumkertig. A járókelők úgy mozogtak, mint amikor fizikatanárunk mágnest tart a vaspor fölé. A puskapor még eszembe se jutott.

A másik meghatározó emlék már a pincei tartózkodás utáni időre esett. Reménykedve tértünk vissza a harmadik emeleti lakásba. A sok történelmi égzengés után különösnek tűnt a hirtelen csend. Apám kézen fogott és jelezte, hogy két óra múlva legkésőbb visszajövünk. A lányának látnia kell a történelmet... Volt tiltakozás, hogy *egy év múlva már gimnazista, majd ott megtanulja*.

– Az más – közölte, és elindultunk a Bástya utcán át, keresztezve a Kálvin teret. A tönkrement Üllői úti házak színházi díszletekre emlékeztettek: egy félbevágott fürdőszoba, fogasra akasztott, szélben lebegő köpennyel. Akkor már azt is tudtam, hogy nem csak a köntös volt így... Fenyegető jeleket fogtak lassan alakuló antennáim, és a mésszel leöntött holttestek látványa után visszafordultunk.

Több barátunk elmenekült az országból addigra. Még Kató révén ismertem Szabó Sándor színész két fiát. A velem nagyjából egykorú Balázs egyedül vágott neki az útnak. Fájt a szívem, hogy mennyi szép dolgot hagyott maga mögött. Emlékeztem a balatoni motorcsónakjukra és tornyos nyaralójukra, amit már az országútról is lehetett látni Fűzfőn. Balázsnak végül jó élete lett Hawaii-n, de a tengerzúgás sem mosta el a fejében Magyarországot. Erről szól könyve, a Csengőfrász.

Két Szabad Európa rádiós hír közt összegyűlt a családom, hogy döntsenek a menekülésről. Apám elég optimista volt, Jenő sok filatelistát ismert Amerikában, ő New Yorkba is eljutott fiatal korában. Kitalálták a határátlépést tudató jeligét is, aminek összetéveszthetetlennek kellett lennie a nagy forgalomban: Krasznahorka büszke vára.

– Igen, mi majd bélyegboltban dolgozunk, Valika egy kifőzdét fog nyitni egyszerű ételekkel. Jutka tanul, ott biztos még egyetemre is felvennék – álmodozott Lajos.

– Nem bánom – mondta anyám.

– Csülkös bableves, túrós csusza, az nekem semmi.

Magam is bekapcsolódtam, hogy nem lehet kihagyni a nagymama madártejét és aranygaluskáját.

– Nagymama nem jöhet velünk – reagált szinte egyszerre a két férfi. – Megterhelő és veszélyes ez a terv.

Csend. Elképzeltem őt a karosszékben egyedül, a rádió gombjait tekergetve. Bridzspartnereinek majd mentegetődzve előadja, hogy milyen biztonságba került az ő családja... Döntésüket végül a maradásról nem az én tiltakozásom eredményezte, de hozzájárult. Sajnos vagy szerencsére – ki tudhatja?

Többször eszembe jutott ez a párbeszéd. Főleg, amikor másodszor is országválasztásra került nálam a sor. A külföldi munkalehetőségek után legutóbb Ausztráliában. Visszapergett sok minden. Egy történelmi szakasz tanújának láttam magam. Anyámra még inkább úgy gondoltam, csak ő akkor került az események sodrásába, amikor én még baba voltam. Az iskolában szépen megtanultam a Szózatot, és egyszer csak megéltem.

Amikor a Népzenei Archívumot közzétették, meglepetten rögzítettem belőle vidéki rokonunk tárogató szólóját. Krasznahorka büszke vára... Hát ezt hallhatta a két Kiss testvér annak idején a Tisza partján. Ez a dallam lett volna kísérőjük át a magyar határon. Azzal talán elkerülhették volna a második börtönt 1957 után.

Egy polip, amit
Filatélia-pernek neveztek

Pontosan talán senki se tudta, ki indította el a nagy magyar bélyegvállalat kálváriáját. A Filatélia sok alkalmazottja érintett volt benne, igazgatótól a bedolgozókig, különböző visszaélésekért.

Az első letartóztatások 1957 őszén indultak, és az ügy végén csak azokat az alkalmazottakat mentették fel, akiknél a tiltott ajándék elfogadása az enyhe kategóriába esett. Már mosolyognánk rajta: kávé, tea, nylonharisnya, selyemsál, halkonzerv, mint a lekenyerezés tárgyai.

Bennfentesek tudni vélték, hogy az egyik vezető eltávolítása és egy postaminiszterségre esélyes személy kiiktatása volt az, ami görgette a lavinát. A két Kiss testvér bedolgozóként volt kapcsolatban a vállalattal.

A vádnál huszadrendbeliként Jenő a középmezőnybe számított, apámat is mellé, a huszonegyedik helyre sorolták. Náluk az súlyosbította az ítéletet, hogy előzőleg voltak büntetve. Meg természetesen az ezüstüzletek folytatása. Az elkobzott családi ezüst hiánya dacossá tette őket, új beszerzésekkel igyekeztek pótolni. A disszidensek és rokonaik hasonló tárgyakat adtak el 1956-ban. Néhányat megtartottak közülük, párat két házzal odébb, Mártiéknál, tovább árultak. A kommersz darabok mentek egy házi olvasztóműhelybe, amit Jenő fedezett fel.

Sokszor feltett kérdéseimre apámék azt felelték, hogy bizonyos dolgok és ötletek egyes országokban megbecsüléssel járnak, másik országban pedig börtönnel. Szóval én a másik országban élek... ez néha elgondolkodtatott. Pedig addigra tudtam, mit értenek fekete vágáson, és hogy a padláslesöprés nem takarítást jelent. Igyekeztem nem túl sokat kérdezni, mert láttam, hogy csak hosszas gondolkodás után válaszolnak, és túl röviden. Azt viszont sose éreztem otthon, hogy bárkit is a gyűlölet szavaival illetnének.

Apám jogász barátja sokszor itta kávénkat a konyhában, amikor megpihent nálunk. Nem az irodájából jött – ő egy ideig egyáltalán nem dolgozhatott ügyvédként. Végül megkérdeztem anyámat, hogy miért kell zsákolnia a közeli vásárcsarnokban ennek a nagytudású embernek. A válasz az volt, hogy „a mi országunkban ő nem számít a nép fiának".

Ezekben az időkben is találkoztam személyesen nyomozóval. Tizennégy éves múltam. A zaklató alapos kutatás után a konyhánkban üldögélt ugyanazon a hokedlin, ahol egykor dr. Bárándy György. Őt is megkínáltuk „atomikkal". Így hívtuk a kávét a főző neve után, ami egyszer még egy felrobbanással is rászolgált az elnevezésre. Ezt a szívességet másodszor és ott nem ismételte meg. A fiatal nyomozó szelíd vizslaszemével és széttárt karjával fejezte ki, hogy ő felsőbb parancsra van nálunk. Sajnos még meg kell néznie a pincét is. Hozzátartozik egy rendes házkutatás-sorozathoz. A sorozat szó nagyon megütötte a fülem.

– Ha lefelé megy, a lányom elkíséri, és felhozza a pincekulcsot – javasolta könnyedén apám, mintha csak formalitás volna ez az egész. – Ő eléggé ismeri azt a zegzugos helyet, és maga még munkaidőben végezhet.

Lementünk. Minden fülke ajtaján, illetve dróthálóján lakat volt, jól látható nevekkel. Nem lehetett volna egy nyitott és semleges helyiségbe kalauzolni a vendéget. Leültem egy széthajtott horgászszékre, és feltettem a lábam nagymama kiselejtezett sámlijára. Mély lélegzet, nyugalom, kitartás. Ez volt életem első és öntudatlan jógagyakorlata. Azt is tudtam, hogy ha készen leszünk, nem megyek egyenesen az emeletre, hanem figyelmeztetem Márti szüleit. Ha egyszer sorozat, akkor jó, ha felkészülnek.

A detektív elérkezett egy magas tűzifarakásig. Kezdte lebontani, de nem dobálta szét, ugyanúgy rakta vissza. Nem akart ő felfordulást okozni egy ilyen aranyos családban – mondta. Szándékosan kerülte vajon ez ezüst szót? Nekem AHA élményben volt részem. Azért küldhetett le vele apám, mert egy kis hölgy jelenlétében visszafogottság várható.

Visszafogottan volt alapos. A farakás mélyén egy hosszabb, szürke tárgy hevert. Közelebbről megnézte: fém. Mi másból lehetett volna egy beolvasztott ezüstrúd? Gyújtósnak alkalmatlan, bizonyítéknak kiváló.

Több mint tíz évnek kellett eltelnie, míg apát és testvérét rehabilitálták.

Kórházon innen és túl

Tanulmányaim után nem sokat kellett gondolkodnom a pályakezdésen. A Külkereskedelmi Főiskola automatikusan elhelyezett mindenkit, mintha csak a nyári gyakorlatunkat osztotta volna be. Évfolyamunk erős volt, bukott vagy elégséges hallgatókra nem is emlékszem. A négyes átlagúak olyan kellemes helyekre kerültek, mint a Hungarotex, Hungarofilm, és kulturális feladatokkal foglalkozó intézmények. Az én olvasatomban ők voltak a szerencsések. Az ötösöket a nehézipar várta, és kiemelten fontos vállalatok Budapesten.

A belvárosi Metalimpex nyolcszáz alkalmazottjával fellegvárnak számított. Idegennyelvű levelezőként kezdtem, aztán dokumentátori besorolással kerültem egy nagytudású közgazdász mellé asszisztensnek. A családom büszke volt az államilag foglalkoztatott lányukra, csak egyre jobban vágytak unokára, és lehetőleg második vőre is. Sokszor túlóráztam kérés nélkül, ha valamit magam is sürgősnek ítéltem meg. Kárpótlásnak szántam temérdek betegállományomért.

Egy őszön több gyulladásos betegséget is diagnosztizáltak nálam, és elkezdődött maratonom az egészségügyben. A lakásunkhoz közel eső kórházban még tűrhető volt sorom, sokan tudtak látogatni. A nap is besütött az ablak melletti ágyamra, és a műtét után is oda kerültem vissza. Hirtelen azonban azt kértem, engedjenek haza. Ennek kiváltó okát megtartottam magamnak, mostanáig. Volt ott egy fakorlátos belső lépcső, tetején kulcsra zárt ajtóval. A küszöbnél kézírásos cetli feküdt, jó nagy betűs, szemüveg nélkül is olvasható. Arra kérte benne kollegáját az egyik alkalmazott, hogy lábtól fejig fektesse hullákat, mert még sokan lesznek. Nem gondoltam, hogy pont nekem kell a temetői sávba sorolnom, de rontott a javulásnak indult közérzetemen.

A két műtét közt puszta intermezzónak tekintettem az ORFI allergiaosztályát. Szép helyen volt Budán, sétálhattam a kertjében. Egyszer anyám úgy ment el mellettem, hogy meg sem ismert feldagadt számmal és sok piros kiütéssel. Ez az időszak apát is megviselte. Még az otthoni padlólakkból is vitt be mintát a kórházba, hogy segítse a nyomozásnak tűnő kivizsgálást. Ritka allergia volt, valamiért fellázadt a testem. Érdekes esetté váltam, sok figyelmet kaptam. Megismerhettem olyan fogalmakat, mint a pszichoszomatikus, és el kellett gondolkodnom, hogy megfelelő helyen vagyok-e a munkában – és egyáltalán az egész életemben.

A „kórház" szóval összefoglalt kis házi drámánk utolsó felvonása a Szabolcs utcában zajlott, és nem jutalmazták tapssal a finálét. Sokan osztottuk meg ugyanazt a termet, magam az Ötöske névre hallgattam. Ott rengeteget olvastam – irodalomtörténetet, és még a Bibliát is. Aha, a hét szűk esztendő. Az most van – gondoltam –, hiszen a hét bő már eltelt Szobrossal. A professzor elém teregette a szaporítószervek rendellenességeiről készült ábrákat. Ők már döntöttek rólam.

– Látja, kedves, ilyen egy nagyfokban hátrahajlott anyaméh, a maga jókora gyomorsüllyedése mellett. Katasztrofális ott a vérkeringés. Ez alkati probléma, nem tehet róla, nem a harmincas éveiben alakult ki. Idáig magának okozott bajt, de egy kisbabánál túlzott rizikó. Le kell tennie róla, végérvényesen.

Sajátos biológiaórát tartott a megelőzések fontosságáról, az endometritisz veszélyeiről. Azóta nem szeretem azokat a szavakat, amelyek -itisz-re végződnek. Közben ketyegett a saját biológiai órám, és szinte hallottam, amint csenget.

Másnap kilencre tűzték ki az operációmat, de a családnak délután két órát füllentettem. Szobatársaim közül a Hármaskát arra kértem, jegyezze fel a kezdetét. Hatoskától azt vártam, hogy az őrző szobánál figyeljen, mikor tolnak be. Ők két és fél órát mértek becsületesen, ami nekem azt bizonyította, valóban dolgoztak rajtam, nemcsak nyúltak egy kis cérnáért a vágás után. Egyeskének volt a legkellemesebb dolga. Ő anyámat várta már fél kettőtől, kezében újságból kivágott rajzos viccel. (Ezt a kommunikációt eltanultam még Sanyitól.)

Akkoriban hétköznap tartották a lottósorsolást. A rajzon a professzor kér az asszisztenstől lemosást, szikét és nyerőszámokat. Ezt a kis papírdarabot kapta anyám, és a hírt, hogy túl vagyok a műtéten. A humorhoz tartozik, hogy előtte Valika kicsit keringett a nagy parkban, mert a „szülészet" szót a pavilonon „szőlészetnek" olvasta, és egyszerűen továbbsétált. Mire magamhoz tértem az őrzőben, mellettem volt, akárcsak apa, aki gyorsan otthagyta a kétszemélyes bélyegboltot azon a délután.

A NEM-ek hatalma

Madrid, Retiro Park, 1974. A nyári ruha modern, a nyakba akasztott fényképezőgép ósdi. Mögöttem szelíd a hang.

– Kattintsak én, hogy rajta legyen? Nem futok el a matuzsálemi szerkezetével.

– Köszönöm ne, inkognitóban vagyok.

– Ezt udvariasságból mondja, attól tartva, hogy molesztálom.

Jól értem angol szavait, nem használ szlenget, de nem is angol. Végül átnyújtom a Zorkijt. Mellettem marad, amikor egy közeli padon napozom. Csendben van, nem nyomul.

- Ha nem fél egy kis időt tölteni olyan alakkal, aki nappal pihen és éjjel dolgozik, akkor holnap találkozzunk ugyanitt. Gondolja át, mit szeretne még látni Madridból, megmutatom.

Az említett másnapon együtt sétálunk és kiderül, hogy tudósjelölt, csillagászati projektnél van munkája. Kapcsolódik a feladata az űrkutatáshoz is. Argentin, középmagas, és a hazájában biztos tojásfejűnek mondanák, az pedig jót jelent. Könnyen felidézem múltbeli beszélgetéseinket, mert meglátásai elgondolkodtattak.

- Sokat mond nemet. Ezt többször is észrevettem.

- Ez a belső iránytűm.

- Szorítsa háttérbe figyelemreméltó óvatosságát. Járt már Aranjuezben, a kastélyban?

- Még soha.

A kocsija csupa por volt, belül összevisszaság és temérdek dosszié.

- Ne ijedjen meg, a cég helikopterében nagyobb rendet szoktam tartani.

Két madártoll feküdt a sofőr melletti ülésen. Csak nem a régi rómaiak példáját követ? Ők a felesleges kalóriától hánytatással szabadultak meg, hogy felfrissülve tovább élvezzék a lakomákat. Kitalálhatta gondolatom, pont arra válaszolt.

- A szemeim birizgálom velük, hogy fenn tudjak maradni, amikor kell.

Az út dimbes-dombos volt Aranjuez felé, és úgy nevezte, hogy tobogán.

- Értettem. Tehát olyan, mint a madeirai szán lefele a hegyoldalról. Hó sem kell hozzá, csak jó hangulat meg egy kis turistapénz. Ha lesz egyszer saját vállalkozásom vagy legalább portfólióm, ezt választom névnek: Tobogán.

(Épp húsz év kellett akkor a megvalósításához.)

- Nem lenne inkább valami kifejezetten hegymenet?

- Nem reális, csalódással járhat.

Aranjuezben hangulatos termeken át terelgetett, könyökével védett a turisták sokaságától. Harmadnap újra Madridban találkoztunk, kora délután kávéztunk a teraszán. Barátságos, apró lakást bérelt, a toalett csak a fürdőben fért el. A mosdó polcán két fogkefe hevert, az egyik porszáraznak látszott. Egy fehér szekrényke tetején színes hajcsavarók feküdtek. Hát itt tanácsos lesz nem zavarogni.

– Ne menj még Sevillába – kért. – Vagy ha mégis, elviszlek majd helikopteren, és együtt körülnézünk.

– Nincs még végrendeletem.

– Ez nyílt kritika részedről. Én jól navigálok. Az emberek harminc év körül még meg sem szerezték, amit majd az utódaikra hagynak.

– Főleg kívánságok lennének benne, és nekem különben sem lehet utódom.

Erre nem reagált, ami az én szememben felért egy információval.

– A vágyakat fejbe írjuk és megvalósítjuk. Nos?

Megcirógatta az arcom és kitöltött még egy kávét. Nekem vasútjegyem volt, és befizetett szállásom Sevillában. Nem mertem ezt felrúgni, és felkészültem a sértődésre. Elemző agya nyugodtan foglalkozott velem tovább.

– Félsz. Ha ilyen maradsz, be fogod érni mindig a langyossal. Menet közben szerezz be valami jobbfajta iránytűt.

A vonatom kora este indult. Az alkonyat emlékeket idézett. Göncölszekér-nézést, egy majdnem kerek holdat, és egy majdnem megismert embert. A kerekek a fülembe zakatolták: Hi-deg, meleg, hi-deg, amíg az álom értem nem jött az ibériai éjszakában.

A napfény ára

Kató nagynéném Sydneyben olyan utcában lakott, ami a nevében is viselte a „napos" szót. Az élete is az volt gyógyszerész férje mellett. Biztonságos otthonából látta érkezni a magyar disszidenseket 1957 elején. Köztük volt az a férfi is, aki anyámnak fiatalkorában udvarolt. Akkor még senki sem sejtette, hogy ennek következtében negyedszázaddal később Ausztráliában Kató ezért fogja viszontlátni Valikát. Párszor engem is.

Anyám özvegységének második évében Budapesten is megjelent a régi szerelem képviselője. Az új állampolgárságát megszerző és hazalátogató Károly már régen a Charles-ra hallgatott. Észak-Sydneyben talált egzisztenciára, és nem lakott messze Kató családjától.

Ő és édesanyám később sorozatosan látogatták egymást. Az év téli felében Valika a napsütést élvezhette Ausztráliában turistaként, nyáron pedig mi viszonoztuk Károly vendégszeretét itthon. Tíz ilyen év volt anyám életében.

Kalandozásaiknak az öregség vetett véget. Terhessé váltak a hosszú utak a két ország közt, és végül a kényelem nevű nagy úr döntött. Egy speciális vízummal Valika kint maradt 2006-ban Ausztráliában. Én meg átálltam egy vadonatúj, mégis átmeneti életvitelre. A rokonságban csodálkoztak, sokan felkapták a fejüket, amikor szóba kerül kettőjük életkora és anyám merész döntése – vagy talán kényelmes sodródása.

Az első közös éveikben még sok derűs pillanat akadt, akár ez az emlékezetes telefonbeszélgetés a két kontinens közt Károllyal.

– Juditkám, nézd már meg, hogy a zsebórám ott van-e sublót felső fiókjában. – Így kezdődött a távtársalgás.

– Ott van.

– Jó, de nem találom a karórám sem.

– Azt a dohányzóasztalon felejtetted.

– Már azt hittem, elvesztettem, úgyhogy örülök. Bár nincs más órám.

- Másnak is örülhetsz.
- Na, minek?
- Messze van az utolsó órád!

Önfeledten nevetett. Egyébként rettegett a haláltól, de közben mégis kerülgette a témát. Édesanyám elvesztése után ez a félelem eltűnt. Akkor már kifejezetten várta.

Csészabónak neveztem magamban anyám partnerét, amint megtudtam, hogy féltestvére Cs. Szabó László írónak. Ő sokáig dolgozott a vasfüggönyön túl Londonban, a BBC-nél alkalmazták. Tízezer darabos könyvtárát később Sárospatakra hagyta, így tisztelgett diákéveinek. Azok a könyvek sokáig egy olyan lakásban álltak, amit Londonban előkelő emberek tulajdonában lévő lóistállóból alakítottak ki ízlésesen. Károly elmesélte, hogy bátyja alig vásárolt bútorokat, felhalmozott könyveire kerültek az asztallapok. Egyszer sürgősen szüksége volt egy meglévő példányra, de „bontás" helyett futárral hozatta meg.

Sydney északi felében, egy főleg örmények lakta negyedben élt Valika Károllyal. Kertjükben rengeteget olvastam, bátyja művein kívül is sok jó könyvet találtam nála. Az emberek elég visszahúzódóan éltek, az otthonoknál egy vagy több autó is parkolt, és a bevásárlást plázákban intézték. Sétáim közben a közelben egyetlen kisboltot sem láttam. Valika sosem közlekedett egyedül. Új ismeretségei a régi magyarokon kívül nem lettek. Gyógyszereit színek szerint rakosgatta, és a rituális beszedésük Csészabó segítségével történt. Életformájuk sejteni engedte, hogy közeleg a „mindent itt hagyunk" periódusa.

Ausztrália számomra rengeteg élményt hozott. Az ismételt utazások más-más jellegűek voltak, és többfelé is megszálltam. Katóéknál a Castlecrag negyedben, nyaralóapartmanjukban az óceánnál, egy Aboriginal rezervátum sátrában is. Kiküldöttként és üzletszerzőként szállodai benyomásokat is szereztem; olyan volt, mint egy szakmai továbbképzés. Az utolsó időkben vendég minőségben ismertem meg a St. Erzsébet Otthon tiszteletet érdemlő szolgáltatásait.

Melbourne-be a Taverna cég küldött piackutatásra. Szerződtünk a Quantas légitársasággal, és elégedetten találkoztam olyan utasokkal a gépükön, akik éppen a mi szállodánkba tartottak, a mi éttermeink szórólapjait nézegették.

Kató és férje elvittek Queenslandbe, az Aranypartra. Ott kezdődődött meg a rábeszélés sorozat: legyek én az epilepsziás és problémás fiuk gyámja, mire majd ki kell vonulniuk a Parkba. Így nevezték azt az elegáns temetőkertet, ahol hantok és sírkövek helyett gondozott bokrok és fák adnak árnyékot kis réztábláknak. Úgy örökítik meg az elhunyt nevét, mintha például fehér gardénia volna.

A házunk árát elkezdte beszippantani az ausztrál–magyar életforma. Sűrűbb lett a repülőjegyvásárlás, és állandóan drágult a fokozódó terrorizmus miatt. Vállaltam, mert a teljes csatlakozás az ausztrál élethez nem vonzott igazán.

Egy éjszaka telefonon riasztottak a Királyi Pál utcai otthonunkban, hogy Csészabót mentő szállította kórházba. Valika, aki angolul alig tud, egyedül van. Menjek, de azonnal – kérte az utcájukban lakó barátjuk. Még csak egy napja történt, de máris sok a baj. Járőr zárta el a nehezen forgó kerti csapot és kísérte vissza éjfélkor a hálóingben kinn kószáló anyámat. Az érkezésemig ügyelni fog pár barátjuk, viszont az sem könnyű, mert idősek, és a saját ellátásuk is nehezükre esik.

A kimenetelem öt nap alatt valósulhatott meg. Nagy változásokra kellett mindannyiunknak felkészülni. Segítettem felszámolni a házukat, amit egy korábbi eladás után a szomszédjuktól béreltek vissza. Taxival látogattuk Károlyt, mellettem anyám végigszipogta az utat. Nem, ő nem akar hazajönni Magyarországra, és társa se fog lemondani a kinn szerzett jogokról.

– Tudod, Juditkám – indokolta –, a klíma meg az orvosok... Fontos. Nem vágyom a pesti bérházra. Magasföldszint, három emelet és egy karosszék... Elszoktam én az ilyesmitől. Ne bántódj meg, de itt maradnék. Te is idejöhetnél.

Így kerültek közös elhatározással a St. Erzsébet Otthonba, ahol megfelelő elhelyezés, felügyelet, kórház, könyvtár és kápolna is rendelkezésre állt. Sok lakó magyar eredetét a házi múzeum őrizte, amit ők is gazdagítottak pár darabbal a teljes felszámoláskor.

Károly betegsége az ausztrál őszre lezajlott, és a novemberi Erzsébet napon én újra kinn voltam velük az otthonban. Sokat beszélgettem az igazgatónővel. Magda személye biztonságérzést nyújtott. A vezetőség tombolát rendezett, felszolgálták a hazai ízt utánzó töltött káposztát, és megismertettek az intézmény létrehozásának történetével, működésével. Megint egy sorsfordító november a mi életünkben...

Valika egy évet, Cs. Szabó Károly kettőt tudott még az otthonban tölteni. Mindkettőjük halála novemberre esett, akárcsak apámé, akárcsak a Filatélia-per kezdetéé, akárcsak az orosz tankok érkezéséé 1956-ban. Az évnek ezt a hónapját jó lenne mindig átugrani. Az én fejemben angolul is, magyarul is NO-vember.

Hamvak a felhők felett

Ausztrál stewardess hozta az italom 2011-ben és közben tudakolta, mikorra szól a retúrjegyem. Meglepődött a válaszon, hogy hat nap múlva.

– Ilyen hamar? – csodálkozott.

– Igen. Utoljára vár rám 25 órás út.

Alig egy hét elteltével már az Európa felé tartó gépen ültem. A pilóta nem tudhatta, hogy még egy fekete doboz van a repülőn: anyám hamvai, sokpecsétes hivatalos okmánnyal ellátva a kézitáskámban. Pontosabban a hamvak fele. Így tartottam igazságosnak Csészabóval szemben.

Ő is a St. Erzsébet Otthonban kívánt maradni. Családosok is éltek ott, különböző ellátási szinteket véve igénybe. Volt ki hostelben, bungalóban, vagy kórházi részlegen lakott, igényeinek és állapotának megfelelően. A szabályok szerint hivatalos gyámra lett szüksége Csészabónak, ausztráliai lakosra. Magyar származású evangélikus pap, Gábor vállalta el a korábbi ismeretségi körükből. A vezetékneve pedig éppen Szabó volt. Úgy is tekintettek egymásra, mintha valóban rokonok volnának.

Ferihegyig elképzeltem a fehér felhőket bámulva, hogyan tudna anyám rokonsága búcsút venni Valikától, akit az utóbbi időkben nem is láthattak. Hónapok fognak eltelni, mire átfut a hivatalos halotti bizonyítvány, fordításokkal, pecsétekkel, két hatóságon keresztül. Csak akkor helyezhetem végső nyugalomra a kettéosztott hamvak felét apámé mellé.

Dupla temetés helyett egy kevésbé megrázó összejövetel jutott az eszembe. Ha még kap egy kis időt Valika, megtarthattuk volna a századik születésnapját, aminek a szervezése az én feladatom lett volna korábbi álmodozásunk alapján. Ez az. Magyarországi centenárium jelenthetné a búcsút, vált a meggyőződésemmé.

Így történt. Harmincketten találkoztunk egy meghitt vendéglő különtermében, ami stílusosan a Nosztalgia nevet viselte. A bemutatóasztalra kerültek az utolsó évek fényképei, néhány dokumentum, több váza a vendégek virágainak. Megható volt látni, amint a meghívottak sorra készítik ott fotóikat. Sötét ruhát nem kellett viselni, a szomorúság beolvadt a hálába, hogy ő része volt életünknek. A közelebbi rokonok részt vettek a délutáni, élőzenés misén is. Virágaikat összegyűjtöttem, és másnap reggel elvittem Farkasrétre. Ott már várta az aranyozott felirat a családi sír fekete márványán: VALIKA. Diplomatikusan, vezetéknév nélkül.

Onnan 20 000 kilométerre sokszor tesz friss virágot egy hasonló felirathoz a St. Erzsébet Otthon kertésze.

Az ügyvéd szemszögéből

Negyedmagammal, kisebb százalékkal én is szerepeltem Károly végrendeletében. Időközben az egyik kedvezményezett, anyám húga is meghalt, része pedig visszaszállt a többiekre. Végigdolgozta az életét, felnevelt négy gyereket, töretlen és türelmes szeretettel. Egyik fia már a temetéskor is beteg volt, közben folyt házukon a tetőjavítás és a tatarozás.

A rám eső részről való lemondás mellett döntöttem, és gyorsító javaslatot is kaptam családjuk segítéséhez.

– Nem kell komplikálni. Maga felveszi örökrészét, és annak ad belőle, akinek jónak látja.

– Nem ezt szeretném.

– Egy logikus érv?

– Kettő is van. Ajándék formája lenne, ami hálával jár. Szép érzés, de terhes.

– A másik?

– Nem nekem szánták eredetileg.

– Világos. Azért nem árt, ha tud valamit... Sok ügyfelet ismerek, de a maga gondolkodása eléggé eltérő.

– Ez baj?

– Nem így nevezném. Egyszerre áldás és átok.

– Csak figyeljen jobban oda.

Belegondoltam. A szokásos furcsaságom a jogászoknak pár tollvonásába került, nekem szinte napi feladat. Viszont ez egyszer életminőséget tudott javítani.

Meglepő fordulat történt. Mire a hatóságok rétegén és a bankok útvesztőin át megérkezett az átutalás, nem kevesebb lett, hanem több. Az első számú örökös, a gyámként választott lelkész a maga módján hozzájárult szándékomhoz, és meggyorsította a formalitásokat is Ausztráliában.

*Gondos új gazdával az akarattyai ház csatlakozhat
a százéves balatoni épületekhez.*

*Pillantás Farkasrétre:
öten együtt.*

Cs. Szabó Károly Sydney-ben.

Mérföldkövek a túlélés útján

Fordulónap lehetett, amikor egyetemista apám végleg becsukta maga mögött az agrártanszék ajtaját. Akkor már nem élt nagyapám, és az árvasági segély is kezdett elfogyni. Az 1929-es világválság elvitte a család szinte minden vagyonát, és nagyanyám beteg lett. Színes epeköveit nevetve rakta egy üvegcsébe a kórházi éjjeliszekrényen, mert humora és tartása megmaradt. Akkor is, amikor már senki sem szólította méltóságos asszonynak kitüntetett férje miatt.

Nagyapám megkapta a Ferenc József-rendet 1916-ban, Bécsben. Kísérőokmánya évtizedekig rejtőzködött henger alakú dobozában a Királyi Pál utcában, de ma már a nappalink falát díszíti. Ő csak 56 éves koráig élvezhette azt a megbecsülést, amivel ez az okmány járt. Az 1929-es válság a rákövetkező évben az életébe került. Mennyi terve maradt félbe... Igyekezett hamar visszavonulni a minisztériumból, hogy temérdek társadalmi kötelezettség helyett inkább kedvteléseinek élhessen. Maga mögött hagyta bel-budai lakásukat, és a Tisza partjához közel keresett egy kúriát családjának. Nem vágott volna bele a mezőgazdasági vállalkozásba, ha kicsit is sejti a jövőt.

Földet bérelt, hűtőházat tervezett, bio-zöldséget és jól jövedelmező dohányt akart piacra dobni. Jenő fiára a talajjavítást, permetezést és tartósítást bízta, Lajosra pedig a növényekkel folytatott nemesítési kísérletezést, főleg megfigyeléses alapon. Lajos foglalkozott az adminisztrációval és a pénzügyekkel is. Nagyapám biztatta őket, hogy egyszerre dolgozzanak és tanuljanak. Ahogy ő is tette fiatal korában. Intelmeket tartalmazó búcsúlevele volt az utolsó segítség, amivel két fiát későbbi útjukra indította.

A két Kiss testvér megfogta egymás kezét, és egy életen át nem engedte el. Olvastak és tanultak. Különböző családi és saját gyűjteményeket bocsátottak áruba, alkalmi munkákat vállaltak, külföldön is körülnéztek.

Talán Maupassant Ékszer című novellája adta az ötletet, hogyan őrizzék meg anyjuk illúzióit, és hogy kerüljenek finom falatok az asztalra. Egy igazgyöngysor kicserélése volt a megoldás, amiről akkor csak ketten tudtak. Nagyanyám haláláig utánzatot viselt a nyakában, tudta nélkül. Otthonukban harmónia uralkodott. Nagymama azt is csak szépítve hallhatta, hogy Jenő mennyire küzd betegségével.

Azt a gazdaságot, amit később a két Kiss testvér egyedül vezetett, 1938-ban végleg fel kellett számolni. Jenő kezelése a fővárosban kezdődött. Visszaköltöztek mindhárman. Már nem az elegáns budai oldalra, hanem a nyüzsgő pestire. Kibéreltek egy többgenerációs életre alkalmas lakást a belvárosban. Apám gondosan választotta ki.

– Háború lesz, tíz év sem kell hozzá – jósolta. – Hídfő és pályaudvar közelébe nem megyünk, azt bombázzák először. A kinézett utca az Egyetem tér felé erősen beszűkül, ott nem tudnak átmenni a tankok. Legyen hát Reiszman úr bérháza a Királyi Pál utca kilenc alatt. Ráadásul impozáns az épület.

A ház azt az emléktáblát viseli ma is, amit a háztulajdonos állíttatott a telefonközpontot megálmodó Puskás Ferenc tiszteletére.

A fizikai munka Jenő számára nehézzé vált, ezért kitalálták, hogy a hobbiként szerzett filatéliai ismeretekből fognak megélni. Üzlethelyiséget béreltek az akkor negyedik kerületnek számító Andrássy úton. Sikeresek lettek, jó hírnevükkel sok partnert és barátot szereztek.

Ha nem éri el Magyarországot a második világháború, talán egy új – és valódi – gyöngysor kíséretében nagymamám is megismerhette volna az igazságot, amitől kímélni igyekeztek. Álmodozások helyett újabb mérföldkő következet az ötvenes évekre: „Ügyeskedünk, tehát vagyunk" jelszóval megpróbálták átvészelni az elhíresült Rákosi-korszakot.

Árnyékok

Négy kártyapartner járt anyához, köztük elkényeztetett feleség és magányos kutyás hölgy is. Buci, Hödzi, Cica, a negyediknek csak a lassan begömbölyödő alakjára emlékszem. Minden héten felváltva találkoztak, két évtizeden át. Egyikük volt a háziasszony, négyen játszottak. A vendéglátó mindig levágta a kenyerek héját, és szép mintába rendezte a falatokat. Jól fogyott a mignon, és likőrt is szerettek kortyolgatni. Buci férje orvosként dolgozott Rákosfalván. Közte és apám közt egyszer érdekes és hosszabb beszélgetés folyt, amit részben hallottam, részben pedig össze tudtam rakni.

– Az iskolás lánykádról van szó, Lajos. Neked nem fura egy kicsit? – kezdte Buci doki.

– Nekem? Kiváló tanuló, jó a memóriája, és számomra társaság. Már nem adnám két fiúért sem.

– Én túl soványnak és visszahúzódnak látom.

– Hát aztán? Majd szép nagylány lesz, mármint az anyja miatt. Debellává meg sosem válik.

– Lajos, nem a külsejéről beszélek. Az idegrendszere furcsa. Nem néz a szemembe, és kitérő válaszokat ad, amikor kérdezgetem.

– Talán nem érdekli a téma. Elég válogatós. Szemműtéten esett át, és még visszamaradt egy kis rendeznivaló. Második beavatkozással nem kínoztuk, a szemész szerint kinövi az enyhe kancsalságot majd lencsekorrekcióval.

(Elértem azóta 163 centit, de a kezdetleges jóslat nem vált be. A szépséghiba udvariasan átkereszteltelődött, és szexepilnek mondták.) Apám megnyugtatta Buci dokit, hogy beszélget velem, nehogy olyan benyomást keltsek, mintha átnéznék bárkin is.

Az akkori Budapesten nem izgatta az embereket az idegrendszeri különbözőség széles skálája. Társasági témák közt csak olyanokat lehetett hallani, hogy depresszió, hisztéria, meg skizofrénia. Hans Asperger doktor neve fel sem merült. Amikor én megismertem elgondolkodtató megfigyeléseit, amit szindrómába tömörített, már jócskán felnőtt voltam.

Apám később örömmel újságolta Buci dokinak:

– Elmentünk a kerületi rendelésre. Valóban volt probléma, de azt szűrték le, hogy kislány alapvetően egészséges, csak vegetatív labilis.

Ez a szó még évtizedekkel későbbi leleten is szerepelt, mindenféle részletezés nélkül. Nálam nagyfokú érzékenységet jelentett. Erős szagok, éles hangok, légnyomás változása, hirtelen hőmérsékletkülönbség azonnal megviselt. Nehezen alkalmazkodtam. Szüleim aggódtak, hogy rövid és problémás élete lesz magányos gyereküknek.

Harangláb a kertünkben

János elvtárs, Jani, Jancsikám – így szólították a helybeliek és még a nyaralók is az 1953 körüli időkben a tanácselnököt. Kapott egy listát a fővárosból, ami az odakerült idegenekre vonatkozott, de napi munkája mellett nem sokat foglalkozott vele. Ismert mindenkit Hartman néni országút menti kocsmájából, ahonnan ösvény vezetett a Balaton-partra és a Honvéd-üdülőhöz. Forgalmas helynek számított, teherautósofőrök és szomjas strandolók tértek be hozzá. Hiába volt rossz a közellátás, Hartman néni sok hiánycikket beszerzett konyhájába, és szorgalmasan hordta kockás abroszaira a húst. Kinek bécsi szeletet, kinek pacalt.

Nem csodálkozott a tanácselnök, amikor apámék felkeresték irodájában. Ő a Kiss testvérekkel párszor pecázott, míg egy vihar el nem vitte a horgászstégjüket. Tudta, hogy a házat 1948-ben a nagymamával együtt vették. Kellett egy hely Jenő gyógyulásához. A kitelepítések miatti aggódásban is sokat segített a dupla ablakos, dombtetőn álló kőépület. Végül a kitelepítést megúszták a pesti bérlakásból, a háztulajdonos özvegyével együtt.

– Volna egy felajánlásunk, azt szeretnénk veled megvitatni, Jani. – Így kezdte apám. A „felajánlás" szó a valóságban mentést jelentett. A mi menedékünk nagy veszélybe került a kisajátítások miatt. Egyik barátunkét elvették, a másik befogadott két apácát, akik egy feloszlatott rendből kerültek a faluba. Mindannyian jól jártak. Mi is, mert a mentő ötletet ez az esemény inspirálta.

– Ott az a gyönyörű kis templom, ami a Rákóczi szilfával együtt a falu emblémája a képeslapokon. Tudjuk, hogy sok a gond vele – folytatta apa.

– Nem szándékozunk bezáratni – jött a gyors reakció mindenki Jánosától.

– Persze, ezt nem is gondoltuk – kapcsolódott be Jenő –, csak nyitott a két oldalfal felső része, és ősztől már iszonyú hideg. Volna nekünk egy nagyobb helyiségünk a földszinten ezekre a hónapokra. Egy kisméretű vas harangláb jól elférne a kapu és a ház közt, mit szólnátok hozzá?

– Akarattyának meg lenne téli temploma, nem? – zárta a témát rövidre apám. – A helybeliek amúgy inkább náthásak lennének, semmint ateisták.

A költöztetést és a pakolást Notti nővér irányította. Nekünk csak két heverővel kellett foglalkoznunk, hogy a padlásra kerüljenek októbertől áprilisig. Ránk tartozott a nagy festmény mozgatása, aminek a hangulata távol állt a helyébe akasztandó Madonna-képtől; egy vajda lányát ábrázolta kibontott hajjal és félmeztelenül. A házban megforduló vendégek, nagyok és kicsik egyaránt, mindig megcsodálták. Balázs Rodrigo keresztfiam nagyokat cuppogott rá kisbaba korában.

Notti nővér kongatta a harangot és főzte a forró teát az atyának a sekrestyévé változtatott konyhánkban. Onnan pár eredeti tartozéknak a pince adott helyet. Összecsukható kerti székeken ültek a hívek, a fiatalabbak álltak a vaskályha körül. Mindenki bízott benne, hogy az 1920-as években épült templomot hamar birtokba lehet venni, és helyére kerülhet Kisfaludi Strobl Zsigmond szépséges Mária-szobra. Ő sokáig Akarattya nyári lakója volt az Árpád út végén álló családi villájukban.

Téli misén egyszer jártam, újévkor, kettesben anyámmal, pár napos tartózkodásunk alatt. Ez az első per börtönéveire esett a magányos karácsonyunk után. A felső szinten lévő szobánkban flanelpizsamára gomboltuk a télikabátunkat és illedelmesen megjelentünk a lépcső alján, készen a gépzenés szertartásra.

Az élményt nem hagyhattam ki, hiszen a rákövetkező tavasszal már felmagasodott a nyári templom zárt oldalfala, püspök szentelte fel a nagy kőművesmunkát, és mi visszanyertük nyári otthonunkat.

Így is csak az alsó szinten rendezkedhettünk be. A felső kétharmadát fel kellett áldozni egy hozzánk betelepített házaspárnak a tanács jóvoltából. Ők Romániából vetődtek a Balaton partjáig, mindkettőjük magyarul beszélt. Mint annyi budapesti életében, a miénkben is elkezdődött egy társbérlet, csak éppen másfelé és másféle. Ruszanda Pista bácsi és felesége úgy viselkedett, mint két rokon. Elköltözésükkor visszafogott öröm és egy parányi hiányérzet úszott a levegőben.

Volt az egyik ilyen sugárzó nyáron egy sötét esemény. Általános iskolai vakációmat beárnyékolta a Zaklatók megjelenése az akarattyai kertben. Én neveztem így a detektíveket, a fémdetektoraikat pedig csipogó botoknak. Biztosra vehettem, hogy Jenő és Lajos a célpontjuk, nem pedig gyógyvíz vagy olaj keresgélése. 1953-at írtunk, Sztálin halálának évét. Egész nap kutakodtak a szabadban, még a mini fűszerkertem is felásták. Estére is ott maradtak.

Kemény idők szó szerint kemény estéje lett.

Egy hosszú, ovális ezüsttálca volt a lepedőm alatt, és én magzati pózban feküdtem rajta, szorosra zárt szempillákkal, merthogy azt a feladatot kaptam.

Forró nyarak, hideg fejek

Barátnőm, szemfüles Márta, Iluskának és Tibornak volt a kislánya. Kétháznyira laktak tőlünk a belvárosban, és sok időt töltöttünk együtt a nyaralónk kertjében. Márta többnyire megnyerte a kártyapartikat, mire rájöttem, hogy napszemüvegem tükrözésében ismeri fel a lapjaim. Ez nem számított sokat a jó közérzetünkben. Apával fagylaltoztunk, a kertben sütögettünk, zuhanyoztunk egy kétágú létrára erősített kannából. Márta szülei elfoglaltabbak voltak Budapesten. Mi, gyerekek, sokat fürödtünk a Balatonban, számháborúztunk a közeli erdő szélén. Párszor kimaradtam a csapatos, házon kívüli programokból, de azért igyekeztem félretenni könyveimet, és időnként a többiekkel tartani.

Csigaversenyeket rendeztünk az üres terméskő medence lépcsőin. A feltöltését nem bírta a kutunk. Jenő zsebpénzt ígért, ha kigyomláljuk a benne felverődött gazt. A művelethez kölcsönvettem a szomszéd néni kecskéjét. Irmuska a kertünk végében lakott télen-nyáron és belső kerti átjáró választott el bennünket, még retesz sem volt rajta. A kecske nálunk jóllakott, és mi vidáman kanasztáztunk a diófa árnyékában. A rusnya jószág nem ette ki a gyökereket, neki csak a zöldje ízlett. Harmadik alkalommal Jenő panaszt tett Valikánál a munkánkra, és lassan jobb volt bevallani magát a cselt. Főleg az érdekelte, ki volt az értelmi szerző.

– Egyedül én. Visszafizetem – vállaltam.

– Nem kell, tényleg nem. Igazából örülök, hogy nem vagy olyan elvarázsolt, mint amilyennek látszol.

Elképesztett ez a nagyvonalúság. Tudtam, hogy a családnak a per után csak kevés pénze maradt, sok dolgot lefoglaltak, és büntetést is kellett fizetni. Mi így járultunk hozzá a kommunistának szánt Magyarország épüléséhez. A „fiúk" feje gyatra körülmények közt is működött.

Apám horgászott, amit én ma férfiak meditálásának hívok. Sok embert látott el zsákmányával. Jenő nyulakat tenyésztett, és autógumikból sarukat vágott ki több méretben. Bámulatosan fogytak. A pántjuk belső gumiból készült, és még a szomszédos Kenesén is feltűnt néhány „dizájn" belőlük. Anya pár kosztos gyereket toborzott: a mi levesünk és lángosunk verte azt, amit a strandon ehettek volna. Nagymama begyűjtött minden nassolnivalót a környékről. Szedret szedett, tojásfehérjéből habot vert belőle. Elhitette velünk, hogy a gaznak nézett rebarbaránál semmi sem egészségesebb.

A kenyeret maga dagasztotta. Mártival elvittük a pék Árpád úti házába, hol pattogó tűz égett a nagy kemencében. Tehéntejet Rab nénitől szereztünk be a közelben. Nála a várakozás különösen érdekesnek bizonyult. Szobája tele volt operaházi fényképekkel és kivágott kritikákkal. Az életét arra áldozta, hogy fizesse fia budapesti balettoktatását.

Rab István a hazai sikerei csúcsán úgy döntött, hogy ő nem lesz RAB. Egy szép balerinával, akinek a neve impozáns ipszilonban végződött, nagyot ugrottak, egész Amerikáig.

Állások, ülések, fekvések

Nehezen tudott elhelyezkedni édesapám 1961-ben, a második kiszabadulása után. Végül éjszakai portásként alkalmazták Angyalföldön a Pannonia vállalat cukrászüzemében. A filatélia fogalma otthon már káromkodással ért fel, a „bélyeg" szó megbélyegzéssel.

Pompás érzés volt, hogy nem kellett beszélőkre járni Balassagyarmatra, Állampusztára. Utóbbi egész laza börtönnek tűnt az ott folyó mezőgazdasági munkáknak köszönhetően. A szabadulás előtt álló rabok kevés felügyelet mellett a földeken is dolgozhattak. Apámnak nagy hasznát vették. Agronómus még a börtön közelében sem akadt. Ügyvédünk megsúgta, hogy az utolsó beszélőre vihetünk neki szendvicset. Jól jött az engedély, mert csontsovány volt Lajos. Anya egy svábok lakta faluban libamájat kapott, kibelezett egy zsemlét és kitömte vele. Apának sokat jelentett a gasztronómia, talán fizikailag a kiadós ebédeket nélkülözte legjobban.

A szabad világ első állomását, a cukrászüzemet mintha csak bevonzotta volna az álláskeresései alatt. Onnan nagyban szállították az édességeket a reptérre és szállodákba. Csak kifogástalan áru hagyhatta el a telephelyet. Így reggel hét órakor mindig hozott nekünk finomságokat a visszatartottakból. Lakásunk belső folyosóján vártuk mindannyian a luxusreggelit. Nagymama a habos süteményre csapott le, nekem a piskótába töltött citromkrémes ízlett. A tekercsére csokoládét írókáztak, és nem volt túl édes. Gyümölcsös tésztakosár is kerülközött, a fél üzem tudta, hogy ez a Lajos bácsi „ételallergiás" lányának a kedvence. Csak Valika morgott, hogy káposztás és húsos tészta nincs köztük. Aztán a távollévő Jenő börtönkosztját emlegettük, és rögtön összhang lett.

Amikor délutánonként munkába indult Lajos, az aktatáskájába behajtogatott egy összetekert gumimatracot. Nehéz volt tüdőtágulásával naponta felfújni, de a csendes diszkréció megérte. Kellemes pihenő várta éjszaka, a portásfülkéjében ez faltól falig ért. Mivel az üzem a Lőportár utcában volt, a segédeszközt lőporos matracnak hívtuk, amíg csak ki nem lukadt. Beragasztani már nem kellett.

Apa nagyot emelkedett a ranglétrán. Persze nem az államin, hiába hozta meg a postás a rehabilitációt. Egy barátja alkalmazta kétfős bélyegüzletében.

Talán a gének miatt, de apa tüdejével is sok probléma adódott.

– Szolidáris vagyok a testvéremmel – közölte.

Egyszer meg akartam igazítani ágya mellett a sípoló rádiót, mire ő halkan megjegyezte:

– Ne fáradj. Az a hang nem a rádiómból jött.

A jelige: eperdzsem

A kép éles, tiszta és majdnem vidám: ketten vagyunk Lajossal estefelé a konyhában, huszonéves koromban. A „majdnem" egy nagy és tartós árnyék. Anya a János kórházban fekszik már második hónapja, és tüdőműtétre vár. Lábánál fekete motor pumpálja a levegőt, amit pulinak emlegetünk a látogatásokkor. Még pár nap, a műtét után már nem lesz szükség rá – ígérik a kórházban. Egy borda csonkításával el fogják távolítani a légmellet. Bizakodó és várakozó hangulatban együtt készítjük a vacsorát. Megy az nekem, ha nem látok véres húst és nem érzek halszagot. Akkor nincs rosszullét. Az aktuális menü problémamentes: főtt sonka, kifli-krumpli saláta, pár palacsinta. Pompás.

– Mivel töltöd ezeket az izéket? – kérdi apa, látva a holdfogyatkozást idéző korongokat. – Eperdzsemmel. – Egyszerre nevetünk. Régen ezt a jeligét választotta, hogy élőszóban üzenjen frissen szabadult cellatársakkal. Aki kimondta a küszöbön, az átléphette, és kapott kávét nálunk. Az utolsó eperdzsemes látogatót egy kutyatenyésztő képezte. Levelet is hozott magával, ami így hangzott:

„Kedves Valikám, kérlek, vegyél ettől az úrtól egy szép nagy kutyát Flört helyett, hogy vigyázzon a lányunkra..."

Anyámnak volt egy kiépített csatornája mindenféle válasz bejuttatására. Egy őr szívbeteg feleségének szerzett készséges orvost, aki nem várt hálapénzt. Így jutott be a reakciója: „A lányunkra vigyázok én. A szép és nagy meglesz, de nem kutya, hanem télikabát, mert a régit kinőtte."

Ezen már csak mosolygunk, és felforr közben a teavíz. Érthetetlen dolog történik a konyhában. Lajos a teánk felét a kancsóból átönti egy lábasba, és állni hagy benne két keménytojást. Reggelig sem találtam volna ki, mire való ez. Hiszen csak egy kis kiegészítést készítünk másnapra anya kórházi kosztjához.

– Valika tanyasi, barnahéjú tojást kíván enni. Én mészfehéret kaptam csak az egész csarnokban. Nincs más megoldás. Sürgősen eltűnök a fürdőszobában. Ne lássa, hogy sírok az illúziógyártáson. A nagymama kicserélt igazgyöngye jutott az eszembe a találékonysága láttán.

Nem tartott sokáig a könnyezés, hiszen békés időket éltünk. TV-ben, rádióban a Kádár név már nem jelentett olyant, aminek hallatán össze kellett rezzenni. Csak megvártuk, hogy feloldják az akarattyai házat a zárolás alól. Apámék kisebbé tették a kertet, a leválasztott részt meghirdették. Valika megmutatta, mit tud tenni a kellemesebb életért. A vevőket meghívta uzsonnára, és már nem az elhíresült Atomik került az asztalra, hanem a kotyogós főző. Úgy válogatott közülük, hogy az egykor rettegett személyzetisek is megirigyelhették volna alaposságát.

Barátságos szomszédok költöztek mellénk, a családnak pedig lett egy Trabantja. Papírhéjúnak neveztük, a ház mögötti diófa ihlette. Vezetni már senki sem tudott, vagy nem mert. Egyedül lettem a sofőr, elvárásuknak megfelelően. Hétvégeken elhajtottam az Osztapenko-szobor mellett, irány a hetes út, és kezdődött a levegőzés. Három veszélyeztetett tüdejű ember ült a kocsiban, és akkor éreztem először azt, hogy felnőttem.

Második diploma, sokadik titok

Megszólításkor mindig a „Lajos" szót használtam, az „apu" még kiskorban sem volt szokásom.

– Te, Lajos, van egy érdekes hírem.

Így kezdődött az a nap, amikor a beszélgetésünk után az író-asztal fiókjából elővett ajándékba egy kötvényt. De az még odébb lesz. Azon a bizonyos napon is értékeltem, hogy nem kritizál-ja a körülöttem lévő embereket. Inkább alkalmat keresett egy rövid találkozásra velük, és ha nem tetszettek, finoman terel-getett tőlük távolabb.

– Szomorú vagy még a MALÉV-stewardess pálya miatt? – tu-dakolta apám és újfent elmondta, hogy nem látna engem a fe-délzeten tálcákkal egyensúlyozni.

– Nem – nyugtattam meg –, már régen letettem róla.

Ő folytatta.

– Lenne valami utazásos munka, teljesen neked való. Né-metországban él egy gyűjtőtársam, Karl, aki iszonyú rendetlen. Szüksége volna valakire, aki figyel a papírjaira, időpontjaira, in-tézi a foglalásait. Aki kordában tartja, és valamit még konyít is a bélyegszakmához. Tudja például, hogy a fogatlan szónak nincs köze a műfogsorhoz. Ne húzd a szád, az illető nem öreg, és felet-tébb rugalmas. Dolgozhatsz neki pár évet, és tied a világ. Művelt, vagyonos, a társasága tanulságos. Könnyen kijutsz egy szerve-zett úttal, és az titok marad, hogy egyhamar nem térsz vissza.

– Majd gondolkodom – zártam le, és lassan kezdtem megér-teni az önzetlenségét. Benne van a korban és mégis kockáztat-ná, hogy csak ritkán láthatjuk egymást. Aggódik az én jövőmért. Az ő módszerével éltem, nem tiltakoztam, viszont húztam az időt, amit a családunkban szabotálásnak neveztek. Hallhattuk ezt a szót sokáig és eleget régen.

A világ pedig később sem lett az enyém, legfeljebb egy-egy gyönyörű szelete. Karl ezalatt messze járt Európától és minket pikáns hírek értek el egy budapesti kávéházban arról, hogy mi történt vele. Romantikus randevúján akkora örömet szerzett neki szexpartnere, hogy szívinfarktus következtében percek alatt meghalt. A mentősök könnyen bejutottak a szállodai szo-bába, de nehéz dolguk lett az összegabalyodott pár szétválasz-tásával. A hölgy görcsöt kapott, talán még a keze is, mert úgy szorongatta az éjjeliszekrényen álló telefonkagylót, mint egy kapaszkodót a kanyarban.

Mi meg kanyarodhatunk vissza a sorsfordító mondathoz.

– Te, Lajos, ma nekem van saját hírem a saját jövőmről... A Marx Károly Közgazdasági Egyetem idegenforgalmi karán üzemgazdász diplomát szerezhetek levelező tagozaton, és az többet ér a pályán, mint a főiskolaim.

– Jaj, ne, megint tanulni akarsz? – kérdezte. – Inkább élj. A legtöbb férfi nem szereti a túlképzett nőket, a kényelmüket viszont nagyon.

– Tudom, azért nem rohanok náluk vagy velük lakni. Egyébként nekem nem a legtöbből kell.

– Mit szólnál hozzá, ha azt mondanám, hogy én ezt már meg is csináltam szűk három év alatt, esti egyetemen? A diplomámat csak át kell vennem.

– Komolyan?

– Igen. Már régóta átvállaltam a szombati bevásárlásokat, és a csarnok ott van egyetem mellett. Az is Karl, csak Marx. A diplomamunkát öt nap alatt fejeztem be Sopronban, ti közben azt sejtettétek, hogy üdülgetek valakivel.

– És ki tudott róla? – érdeklődött tovább.

– A második évtől a keresztlányom. Látta, hogy ceruzával aláhúzogatok valamit a könyveimben. Rákérdezett.

– Mennyi volt a tandíj? – kapta elő a szemüvegét az indexemet forgatva.

– Kedvezményes lehetett, félévente csak háromezer forintot kellett fizetnem. Jó befektetés, nem?

– Naná. Meglepetésnek sem rossz. Vedd úgy, hogy fedezem tanulmányaid – és már nyúlt is a fiókjába.

Mire eltettem az épp lejárat előtt álló kötvényt, anyám is előkerült és beavatódott. Két kommentárja közül az egyik megosztható:

– Iskolakerülésről sokat hallottam, de a fordítottjáról soha.

Hatalmas hold, fogyó csillagok

A sors szűkmarkú volt a Kiss testvérekhez.

– Lajos, azt hiszem, most meghalok.

Ez volt az az utolsó mondat, amit egy nővér késő este megjegyzett Jenő kórházi ágyánál 1980-ban. A nővért Horvát Máriának hívták, akárcsak a két testvér édesanyját. Alfa és Omega... Valika élethossza szerencsére máskép alakult. Az ő tüdeje a műtét után teljesen meggyógyult. A hátán óriási vágás mutatta a bravúrt, az orvos nevéről a János kórházban Kessler-kanyarként emlegették.

Aranyeső nyílt és húsvét közelgett, mire az első eltávozást megkapta pár héttel később. Apával az újdonságnak számító Budapest körszállóba vittük uzsonnázni. A magasból körbenézett Pesten és Budán, csodálkozva, hogy ismét a való életben van. Én meg őt néztem. Nem csak egy horizontot kapott, hanem egy második életet is.

Apám elvesztése volt a legnagyobb sokk, ami valaha ért. Pedig az agyam tudta, hogy a természetes dolgokra fel kell készülni, és együtt kell léteznünk velük. Kedvesen morbid kívánsága, hogy bélyegcsipesszel a kezében szeretne meghalni, majdnem teljesült. Egy vasárnapi ebéd végén, 1990 novemberében, nem sokkal a hagyományos Farkasréti temetőlátogatás után még dolgozott otthoni irodájában. Rosszulléte, a mentő érkezése és a gégemetszés közt mindössze pár óra telt el. Hiába, nem lehetett megmenteni. Belső vérzés vitte el.

Anyám párnahuzatba csomagolva hozta vissza apám pizsamáját és az orvosi iratokat. Ő maga beinjekciózott állapotban érkezett haza a kórház egyik személyautóján. Azonnal befeküdt Lajos ágyába, hogy ne lássa üresnek. Telehold volt. Két pléddel ültem az erkélyen és az eget bámultam. Hol lehet most ő?

Akarattyán mindketten szerettük az éjszaka látványát. Hogy ugattak a kutyák, amikor felfedezték az új hidroglóbusz ezüst gömbjét! Jól becsapódtak, mi meg nevettünk a fenyők övezte, piros muskátlis teraszon. Érdekes érzéseket tud kelteni ez az égitest. Ha az ereje megmozgatja az óceánok vizét, el kell fogadnom, hogy képes megrepeszteni egy ember főütőerét is. Egy amúgy is kiboltosodott aortát, amiről két évtizedig nem is tudott senki.

Azon a teleholdas éjszakán szembenéztem azzal, hogy veszteségeim listája még bővülni fog. Kevesebb csillag lesz körülöttem. És vajon mennyi fényt tudok adni én, és kiknek?

*A Kiss testvérek
a közös jövőt
tervezik.*

A nagyapai kitüntetést kísérő okmány.

Laguna-játszma

Pályakezdő koromban kisebb társasággal Jugoszlávia felé vettük az irányt 1968 augusztusában. Rengeteg turistával találkoztunk a tengerparton és meghallottuk, hogy hajón át lehet menni Velencébe. Sokan ezt az utat választották arra, hogy nyugatra távozzanak. Csak ketten vágtunk bele: soros kísérőm, Miklós meg én. Tényleg csak kísérőnek tekintettem. Nem azt néztem, mit adna kettőnknek a szövetség, csak hogy beleillik-e a családi körbe. Miklós azt fontolgatta, hogy meglenne-e a kényelme mellettem. Ennyit a különleges város romantikája mellé.

Rövid kirándulásunk másnapján épp kóstolgattuk a fagylaltokat, mikor megpillantottunk egy újságon a „Magyarország" szót. Rögtön vásároltunk napilapot. A biztonság kedvéért két nyelven, hogy valahogy kibogozzuk, mit is jelentenek a katonai járművek fényképei. Komoly zavargás vagy valami rendkívüli intézkedés lehetett a Magyar–Csehszlovák határsávban. (Az volt az ágcsernyői incidens.)

Siettünk a vaporettó állomására. Nem sok időnk maradt a hajónk indulásáig, és a kikötő több vízi megállónyira volt. Vártunk sokat, és közben hol a Canal Grandét pásztáztuk, hol a nyomtatott sorokat. A vízibusz nem jött, és elég csendesnek tűnt a csatorna. Sztrájk, tudtuk meg. Csak vízitaxin lehetett eljutni a kikötőbe, felárral.

Miklós rám nézett, és szokásos praktikumával megkérdezett.

– Mit szólnál hozzá, ha nem mennénk vissza? Fejlesztőmérnökként könnyen kapok munkát. Te meg több nyelvet is tanultál, diplomás vagy, a válásod is kimondták.

– Nem, vissza kell térnem.

– Te mindig figyelsz a jelekre a misztikumos keleti mániáddal. Ez aztán a jel, nem gondolod?

A vaporetto állomásának deszkapadlója lágyan ringott alattam, de közben velem megfordult a világ. Képes lenne rá? Ott tudná hagyni bel-budai otthonukat, ahol agyvérzéses édesapját törékeny felesége támogatja? Ahol ő az egyetlen, akire baj esetén számíthatnak?

– Nem, és nincs idő érvelni. Ez egy érzés, én biztos visszamegyek.

A móló szélén álltam, két kézzel integettem az elhúzó vízitaxiknak. Egyikük üres volt, barnásvörös, gyönyörű alkotmány. Vidámabb, mint a fekete gondolák, amik színükkel a pestisjárvány áldozatai előtt tisztelegnek még napjainkban is. Szőnyeg borította az alját és háttámláján arany és vörös hímzett párnák sorakoztak; Velence gazdag történelmének ősi színei. Beleugrottam. Aztán egy billenés, Miklós mögöttem volt, némán.

Közeledtünk a kikötő felé. A kapitány a taton állt, nyakába akasztott távcsővel nézegette az érkező csónakokat. Számíthatott néhány disszidensre. Levettem fehér muszlinsálam és integetni kezdtem. Már csak tíz méter lehetett a távolság. Békét éreztem, bár akkor nem is sejtettem, hogy milyen jó döntést hoztam. Egyedül. Vagy a Canal Grande zöldes vize mutatott zöld utat mindkettőnknek?

Pár hónap múltával Budapesten Miklós feleségül vett egy nővérkét, én meg folytattam otthoni munkám, kissé felszabadultan. Sok évvel később találkoztam a Mágnesemberrel, életem igazi társával egy könyvtár csendjében. A váratlan és nagy szerelemmel.

Ő, az egykori történelemtanár, ritkán szokta elhagyni az országunkat, kerékbe törni nyelvünket, idegen kosztot enni, de Velencébe mégis visszakísért. Kettesben és órákon át barangoltunk a városban, aminek hangulatát egyetlen másik sem tudja felülmúlni. Egyszerre foglya és királynője a sokszor fenyegető víznek.

Társam nyakában végig ott lógott a látcsöve, és őszes haja hasonlított az egykori kirándulóhajó kapitányáéra. Így kerekedett ki az a lagúnatörténet, amit szimbólumként őrzök az útelágazásokról.

Maximális változás

A munka és a kötelesség mindig nagyon fontos volt számomra. A hetvenes évek elején szinte robotként működtem. Elérkezett azonban az az idő, amikor a szokások és elvárások szorításából sikerült kijutnom. Egyenes arányban szűntek meg vele később a betegállományok. Nem tudtam azonban sokáig örülni, mert a nehezen felismerhető neurinóma lett belső társbérlőm a gyulladások helyett. Egy idegsejt-elfajulás, ami azt a fájó üzenetet szállítja folyamatosan a jobb kéznek: Csak esőt ne, csak havat ne...

A harmadik nyelvet tanultam, a sokpéldányos és utált indigózást kezdte felváltani a villanyírógép.

– Fáj már a kezem, két postakönyvet írtam tele – jegyeztem meg, de a főnököm a Metalimpexben rosszul viselte a panaszt. – Tudja, az én első feleségem, Évike, a fémosztályon két és felet tett le az asztalra naponta.

– Mégis el tetszett tőle válni – hangzott a fáradtságtól ingerült válaszom, amire otthagyott. Figyeltem, hogy melyik irányba halkulnak a léptei, de nem a személyzeti felé ment. A gondokságra. – Kap egy villanyírópépet – közölte visszatérőben, és békét kötöttünk. Valójában mindketten becsültük a másikat, különben nem lehetett volna több mint tíz évet együtt dolgozni.

A külkeres cégnél kaptam más értékes ismeretségeket is. Enikő kolleganőm a távolkeleti filozófia és életmód avatott ismerője volt, ami az akkori Budapesten ritkaságszámba ment. Gábor egy nagy afrikai expedíció előkészítésén fáradozott. Fotósként, szervezőként és sofőrként vett részt rajta, és társaival közös könyvben örökítették meg. Ágnes kolleganőm szintén fényképezett, kiállításai is lettek, és újságíróvá vált a külkereses vargabetű után. Csupa olyan ember, aki nem volt helyén az acél- és fémkereskedelemben és én közülük barátkoztam. Mert magam sem voltam a helyemen, még később, üzletkötőként sem. Az öröm és a valódi érdeklődés hiányzott.

A ráébresztő kérdés így hangzott: Nincs kedve kohómérnöknek tanulni a főiskolai diplomája mellé?

Nagyon nem volt. Új munka után néztem, kulturális területen vagy a könnyűiparban kerestem testhezállóbbat. Meglepetten forgattam a hirdetőbe érkezett piros-fekete emblémás levelet, amit a Maxim Varieté igazgatója maga gépelt. Nem akarta, hogy idő előtt megtudják, kívülről keres alkalmazottat. Nekem pályamódosító volt az a pár sor.

„Önálló munkakörbe közvetlen mellém történő beosztással modern gondolkodású, jó szervezőképességgel rendelkező, a kötetlen és önálló tevékenységet kedvelő, azt felelőséggel ellátó munkatársat keresünk. Nyelvtudását a havonta változó nemzetközi rangos artistaszámok adminisztrációjában és a velük történő személyes kapcsolat révén értékesítheti. Ehhez az érdekes munkához jó jövedelmet és megbecsülést biztosítunk."

A levelet nem mutattam meg senkinek. Egyedül kellett döntenem.

Interjúk kora

A többi levelet félretettem, más állásinterjút nem fixáltam. Átléptem a Maxim Varietében Barna István igazgató küszöbét, ránéztem a megvilágított festményre az íróasztala fölött, vékony szivarjára, a dohányzóasztalán álló iratrendezőre. Egy nagyméretű, Metaxa konyakos üveget láttam mellette, dugójával lefelé fordítva egy kis állványon. Az íróasztala mögötti portrét nappal is spotlámpa világította meg. Semmi feleslegest nem tartott elöl. Mindez tetszett, otthonos volt, barátságos, és én tudtam, hogy fel fog venni.

Általában kettőkor kezdtem dolgozni, a második esti előadás kezdetéig. Szinte sose tartottuk be az este tíz órát, hiszen kötetlen munkára szólt a megállapodás. Varázslatos időnek számított, mintha egy meglepetésekkel teli filmet néztem volna, kiszámíthatatlan végűt. Délelőttönként úsztam a Gellértben, könnyűt ebédeltem, vacsorára mindig megkínáltak valami finomsággal odabenn. Havonta három külföldi fellépő színesítette az alapműsort. Nyugdíjas hölgy segítette Barna igazgató impresszálási munkáját, aki készült teljesen visszavonulni. Gyors ütemben tanítgatott engem egy olyan foglalkozásra, amit tudtommal nem oktattak sehol kis hazánkban.

Saját hibáim sokat segítettek. Aha, ezt hívják empirikus tapasztalásnak... A hibázásnak igen tág tere volt, 24 óra per nap. A Józsefvárosban, amikor másodszor foglaltam lakást külföldi artistáknak, kissé kapkodtam. A tulajdonos néni bólintott a trió érkezésére, pedig ennek a szónak a jelentését pontosan nem ismerte. Előzőleg egy duó lakott nála. Volt ugyan három ágy a lakásban, de elegendő ágynemű nem. Éjjel kettőkor a sajátomból vitt a taxis egy garnitúrát a címre.

Amikor az igazgató malomkeréknyi csokrot küldött a kubai származású Gina szállására, ott meg váza nem akadt. Alufóliával béleltem ki egy vödröt, fülét az indákkal rejtettem el és közöltem vele, hogy ilyen a mi rusztikus stílusunk.

Szerettem az impresszáriós foglakozást, bár az éjszakába nyúló fennlétek kezdtek megviselni. Ennek a munkakörnek az a konfliktus vetett véget, amit három leopárdkölyök vásárlása robbantott ki. Az átalakított műsort feldobták ugyan, de komplikált volt az elhelyezésük és a gondozásuk. Az első elpusztulásakor meggyőződésemmé vált, hogy ezek a nagymacskák a pesti állatkertben is jobban éreznék magukat... Nem itt a helyük. Kritikusabbá váltam, fáradtabbá, véleménynyilvánítóbbá. Rácsokkal a hátam mögött egy új állás szabadságát kezdtem ízlelgetni.

Nem esett nehezemre ezt követően sem a külföldi munka a bécsi Mátyás Pincében, sem pedig az esti egyetem. Idegenforgalmi közgazdászként kedvenc munkahelyem a Taverna nevet viselő vállalat lett. Épülő szállodájukban ezzel a névvel fejezték ki, hogy fő profiljuk az éttermi hálózat. Nem is akármilyen. Turisták közt legendás volt a Mátyás Pince mellett a Százéves és a Ménes Csárda. Az ő köreikben éltem meg annak az angol közmondásnak az igazát, hogy gördülő kőre nem tapad a moha. Passzolt a „kavicslány" érzésemhez.

A vállalat újságjában kaptam egy gazdasági rovatot is napi teendőim mellett. Ezt jutalomutakkal honorálták a cégnél. Így kerültem épp az ötvenedik születésnapomon Münchenbe, ahol az egyik unokatestvérem élt, Bámer Kati, asszonynéven. Az ő esküvőjén jókat tréfálkozott Lajos: Mária Terézia ügyesen idetelepítette a svábokat, te meg visszamégy...

Az újságírás másik ilyen állomása Salzburg volt, a tulipánfák nyílásának idején. Róttam szép utcáit a kutyát sétáltató nyugodt emberek közt és arra gondoltam, hogy a játékos Flört, a denevér és a veszett róka után hányszor volt a faunának szerepe az életemben. Legutóbb egy leopárdkölyök miatt mérlegeltem újra az utam.

Az „igazi kölyök" vágya csak részlegesen teljesült, de sok örömöt adott. Salzburgban volt kinek vásárolni pár kedves ajándékot. Otthon Dórival bővült a nagy kommunánk, és két csillogó szempárral több várt már haza.

Keresztlány szertartás nélkül

Szerencsésebb sorsú keresztfiamnak gyönyörű fogadtatása volt a budai St. Anna templomban. Kiküldetésben lévő szülei nyári szabadságára tolódott az esemény, és dupla nevet hozott magával a baba, a Balázs Rodrigót. Édesanyja még Chilében volt várandós az Allende-időkben, a kicsi már Argentínában látta meg a napvilágot. Az első szó, amit hallhatott 1974-ben, az nem a „fiú" volt, hanem az „hombre".

A mindössze egy évvel idősebb Dórival rendhagyó volt a kezdet. Ő patronált gyerekként csapódott hozzánk, a Teodóra Lina nevet pedig én vontam össze Doralinává. Így lettem keresztmama. Ma is ezt a nevet viseli.

Szülei disszidáltak a zöldhatáron át Svédországba. Ő tekervényes úton jutott el a Királyi Pál utcába. Nagyapja pszichiáter volt, nagymamája egy szépreményű titkárnő fiatalabb korában. Érkeztek hírek néha a Svédországban különélő szülőkről is. Doralina papája még Béjart Balletben is táncolt, később koreográfus lett. Édesanyja ma ismert rendező választott hazájában, és azon túl is. Elgondolkodtattak a művészi gének, jobban megértettem az alkatát és több türelmem lett hozzá, mint bárkinek a környezetében.

A kaposvári színházban dolgoztak a szülők, amikor megérkezett Teodóra Lina. Sokszor vitték magukkal az öltözőbe is. Ezt egy nagy ünnepségen váratlanul tudtam meg. A Maxim Varietében Doralina a torta marcipánrózsáit eszegette, Attila nevű táncosunk pedig hozzánk csatlakozva szórakoztatott minket vidéki pályakezdésével. Ő is babusgatta a kicsit a fellépések közt.

Magam először a liftben beszélgettem vele. Nagymamája kísérte, hazajövet az Ecseri bolhapiacról, és együtt szálltunk ki a harmadik emeleten. Belekapaszkodott a szoknyámba és ellentmondást nem tűrő hangon közölte:

– Be akarok menni hozzád. Neked nincs gyereked.

Előzőleg a levélbedobó nyíláson át figyelt. Azt hittem, az egyik kutya birizgálja, valójában a kis zizzentő volt a tettes.

Összefogtunk nagymamájával, Éva nénivel. Doralina otthon aludt, de velünk töltötte a hétvégeket Akarattyán. Ahogy a világ érdekesebb lett számára, úgy romlott a bizonyítványa. Szétszórtnak számított még felnőttkorában is. Figyelemhiányosnak minősítették. Nálunk még nem foglalkoztak a jelenséggel, ami hiperaktivitással is társult. Később megismertem, hogy ennek ADHD a hivatalos, angol rövidítésű neve.

A rossz bizonyítványok után a beígért kerékpárt csak használhatta, de nem lett az övé. Büszkén ült rá, akár egy színötös tanuló és mutogatta, hogy mit kapott. Azt már nem bírtam szó nélkül hagyni. Sajátos magyarázattal állt elő: Tudod, Juti, ez csak a neve ennek a lila kerékpárnak. Enyém, Enyémke.

Valika is próbálta kordában tartani „nincs rumli, nincs morzsa" szállóigéjével. Azt egyszer Lajos így oldotta fel: „Van morzsa, szívem, megyünk sirályokat etetni", és vitte is a Duna-partra. Doralina szinte büntethetetlen volt. Amikor keresztfiaméknál a filctollakat egy szobai falfirka után száműzték a szekrény tetejére, ő csak annyit jegyzett meg:

– Nézzétek, én tudok a kezemmel a levegőbe rajzolni.

Mást is tudott. Ki akart kerülni az ápolónőképzőből, ahová gimnázium helyett nagymamája irányította. Egy tétel jól jött neki az emberi szervekről. A máj. Utána így folytatta a húzott tétel kidolgozását: nem tudom, ki hogy van vele, de én resztelt formában szeretem. Az a titka, hogy sok hagymát igényel. Végy...

Másnap ironikus dicséret és határozott eltanácsolás következett. Így adódott, hogy mamája Magyarországra jött és magához vette. Rövid stockholmi együttélésük után beíratta egy művészeti iskolába az ország északi részén. Elvégzése után Doralina önálló életet kezdett Göteborgban, és néha látogatta elvált szüleit a fővárosban. Azért egy kicsit a mienk is maradt.

Megfordultam nála többször, főleg cégünk svéd idegenforgalmi vásárainak idején. Sorolta nekem, hogy az agya svéd, a szíve svéd–magyar, de a hasa tiszta magyar. Így volt, kreativitása a konyhában is megnyilvánult.

Azt mondod, Asperger?

Alig szálltam fel a komphajóra egyszer Doralinához menet, két budapesti lány csapódott mellém és a büfébe hívtak. Jóval fiatalabbak voltak nálam. Egyikük svéd mérnök menyasszonya, másikuk medika, aki előrelátóan külföldi munka után nézett. Mint sokan közülünk, az egykori szélrózsa évfolyamnak becézett gimnáziumi kollektívánkból.

Egyik osztálytársunk autóstopp egyenes folytatásaként külhonba ment férjhez. A másik idegenvezető lett Bécsben, a harmadik fogorvos Németországban, a negyedik hungarológus Bonnban, az ötödik feleség Venezuelában, majd törvényszéki fordító Ausztriában. Az a találkozás a kompon nekem osztálytalálkozókat idézett fel, tanárok emlékeit, és az elhunytakért lobogó gyertyákat a régi, Cukor utcai tantermünkben.

Doralina egy svédül írt versével várt. Sebtében fordította. Arról szólt, hogy egy apró növény a sziklák közt kidugja fejét és körbenéz. Azt kell látnia, hogy a többi magból már fa lett.

Ő számos szakcikket elolvasott, amikor saját koncentrációs problémájára kereste a megoldást. Szerencséje volt, a témát kutatták is Svédországban. Ezért nem lepődtem meg az információin.

– Juti, a te furcsaságaid jó részét úgy hívják, hogy Asperger-szindróma.

Kapásból felsorolt tíz ismert embert, aktuális és utólagos Asperger-diagnózissal, akik nélkül szegényesebb volna a világunk. – Látod, ez nem igazi betegség. Nézz utána, nem árt az önismerethez.

Megígértem, hogy egy jónevű kineziológussal beszélgetek róla, de pszichológushoz ne akarjon küldeni. Annyira már nem számít, a munkában már kevéssé zavar. Közben kiraktam ajándékaim: Tokaji bor, szemfesték, fülbevalók, kavicscukor, rumos meggy.

Otthon az derült ki, hogy statisztikák szerint az embereknek csak néhány ezrelékét érinti ez a tünetegyüttes. Közülük húsz százalék ki is növi. (Azt azért éreznem kell, hogy sok évem ellenére én még növésben vagyok.) Az alkalmazkodóképesség nehézsége és a túlérzékenység magánéleti probléma maradhatott. A Tavernánál kollegáim elfogadták, hogy több vonzó dolgot elutasítok. Önállóan, kevesebb stresszel akartam dolgozni, így lettem főmunkatárs, csak magamért viselve a felelősséget.

Vidám családomban a döntést ekképp kommentálták: Léteznek szamarak, akiknek nem létra kell, hanem legelő.

Hajózni szükséges

Igen, ezt mondják, és magam is ezt érzem. Az úgynevezett rendszerváltás előtti hét-nyolc évben a hivatalos külföldi utak szervezése teljesen leegyszerűsödött. Minden papírom készen állt, hogy a svéd- és finnországi magyar heteken részt vegyek. Két nagy és két kisebb hajón zajlottak az események, honi ételekkel, cigányzenével, MALÉV-hoszteszek jelenlétével. A Pannónia nevű szállodavállalat megbízásából először a Svea Corona, majd a Skandia hajó rendezvény felelőse lettem.

Kiugró siker volt, 24 óránként cserélődő közönséggel. Nemcsak miattunk jöttek a hajókra. Nagy vonzerőt gyakorolt a vámmentes alkohol. Fogyasztották és vették. Nem volt meglepő a faltól falig tántorgó utas látványa, aki a keskeny folyosókon V alakú becsapódásokkal kereste kabinját.

Szervezett társaságok hozták a legjobb forgalmat. Egy kutyakiállításra induló nagy csoport, csillogó érmék reményével, csillogó poharakat forgatott a bárban. Jelentős esemény volt a

78

lappföldi cigányok találkozója, ahol suhogó taftruhákban, ringó járásukkal a fedélzetet színpaddá változtatták.

A magyar csapatnak grátisz büfé állt rendelkezésére friss szendvicsekkel és alkoholmentes sörrel, egész napon át. A munka ment, a pihenőidőket sem méricskélte senki percnyi pontossággal. Néha magam is napoztam a fedélzeten, kihasználva az utált november ritka adományát. Egy délután a kapitány megjegyezte, amint elment mellettem:

– Van most tíz percem, jöjjön.

Örömmel pislogtam a lézeres műszerekre, az alattunk lévő mélység visszajelzéseire és meghallgattam, amit a várható időjárásról mondott.

– Pár óra múlva itt a vihar. Érdemes lesz az étteremben levenni a falról az összes dísztányért.

– Jó, akkor girlandot fűzünk a falra az ajándékba hozott tűpárnákból, hogy ne tűnjenek csupasznak.

Ezt értékelte, és damilszál akadt a hajóhídon.

– Szép forgalmat produkálnak, gratulálok.

Így búcsúzott és megkérdezte, van-e valami kívánságom.

– Van, de nem most. Szeretnék utas lenni nyugdíjas koromban. Még nagyobb hajón is otthonos lennék, valami szellemi munkába temetkezve a fedélzeten. Szép álom...

Ő csak mosolygott.

Az említett életszakaszban öko-házat látogattam Szingapúr tengerparti részén, és nem esett nehezemre felidézni cserzett arcát, biztató tekintetét. Akkor már tanulgattam az ayurveda egyes területeit és gondot fordítottam rá, hogy minél kisebb öko-lábnyomot hagyjak magam után.

Szívek Finnországban

Mögöttünk volt mindkét hajós leltár. Helsinki tündöklött a karácsony előtti kivilágításban. A búcsúestén az éttermi lámpák kihunytak, de mi záróra után együtt maradtunk megünnepelni a két rendezvény végét. Eszembe jutott a pesti útbaigazítás: Neked munkaköri kötelességed, hogy mások jó közérzetére figyelj, erősítsd. Az étlapról minden fogást meg kell kóstolnod.

Igen, ezért dolgoztunk végig, a séf és én, a magyar felelős, akinek állandó kellemetlenséget okozott étkezési allergiája. Már az első nap magamhoz hívtam hoszteszünket. Meglephette a kérdésem, hogy szereti-e a halat és a baromfit. Közöltem, hogy az étterem kinyitása előtt neki kell megkóstolnia ezeket a fogásokat helyettem. Maradék eltevése tilos volt másnapra, az alattunk úszkáló halak néha jól jártak. Többnyire minden magyaros étel elfogyott, élen a palóclevessel.

Kedvenc finn kollégám a konyhában úgy mutatkozott be, hogy „Jorma vagyok, milady, j-vel, mint jóga". Hallhatott valamit előzőleg a szokásaimról, és nagyon figyelmes volt velem.

A köztes szabadnapjainkból órákat kellett áldozni, ha az ember jó közösségi hangulatra vágyott. Egy zenész kísérése fogorvoshoz, tolmácsolás hangszer- vagy műszaki cikk vásárlásánál, családi ajándékok beszerzése. Már sokkal jobban figyeltem a környezetemre, kollégáim testbeszédére. Ez a gyakorlat Finnország ajándéka volt számomra, ami sokára adatott meg, de mégsem túl későn.

Luca napján a bazilika lépcsőin megjelent a fénykirálynő, fehér bundás szépség, gyertyakoszorúval. Körülötte iskolások keringtek pirosba öltözve, mint mesebeli manók. Jorma a kezem fogta, nem szólított már miladynek, csak Jutkának. Tudtuk mindketten, hogy két külön világ találkozik, és mire a szeretet hivatalos ünnepe elérkezik, már el is válik.

– Éjjel szaunázunk – mondta, és nem kérdezte.

– Jól öltözz fel, sapkával, sállal, mert messzi lesz.

Nem betonjárdát és buszmegállót értett ezen. Jorma a parton elkötött egy csónakot, rövid üzenetet írt a gazdájának, és gondosan egy kő alá csúsztatta.

Nem először teszi, gondoltam, és meglepetten vettem észre, hogy ez mennyire nem zavart. Bezzeg Madridban még nem voltam ennyire bátor.

Jorma szülei maguk építettek egy gerendaházat a Helsinki szomszédságában lévő egyik apró szigeten. Evezett a sötét ég alatt a még sötétebb tengeren, néha felvillantva öngyújtóját. Míg melegedett a kuckó elektromos kályhája, előkerült a faliszekrényből kétszersült, füstölt sajt és vörösbor. A szaunában nyírfaágakkal ütögettük egymást, és hajnalban énekeltem a zuhany alatt a „Tavaszi szél vizet áraszt"-ból improvizálva. A reakció nem maradt el.

– Magyar népdal?

– Nagyjából.

– Miről szól?

– Választásokról és útról.

– Valami TAO?

– Olyasmi.

Hajnalra békés kék víz fodrozódott a csónak körül, és a part felé átvettem az evezőket. Mint a Balatonon – tűnődtem –, csak ott nem kell kucsma és mohair pulóver. Volt még egy órám a szállodában a kijelentkezésig. Addig kattant a fényképezőgép, a csónakunk diaképpé vált, és ma már ereklye. Jormának a reptér felé kellett vennie az irányt, messzi munka várta.

Kedves étteremvezetőnk sajnos nem került elő indulásáig, Az egész csapat sajnálta a reggelinél. Így sem volt fennakadás az utolsó teendőknél. A helyi vonaton nézegettem kollégáim arcát és találgattam, vajon mi járhat a fejükben? A feltételezett finnugor eredet, a vámolás izgalma, az otthoni problémák, esetleg egy régi olimpia magyar éremesője?

A sínek mentén nőtt az autósforgalom. Mi nem láttuk, hogy étteremvezetőnk autója a szerelvény után eredt. A második állomásnál beérte, időben leparkolt, és még egy megállónyit velünk utazott. El akart köszönni, ahogy eltervezte, apró ajándékokkal mindegyikünknek.

Maratott fehér üvegszívet kaptam tőle, kék vízcseppmintával a közepén, ami sokáig dekorálta ablakom. Azzal köszöntem meg, hogy a választása telitalálat volt. Szerintem tudta, miért. Sokkal később, egy takarításnál eltört az északi emlék, de akkor már nem voltam kötött állásban. Örömmel mertem megosztani mindennapjaim magyar társammal, akit magamban Mágnesembernek hívtam.

Mágnesember

Van egy terület, ami összekapcsolja két szerettemet, apámat és társamat, Lászlót. Ez a könyvtár. A digitális világ örömei mellett sem lettem hűtlen látogatója. Több tagságra is szert tettem, a Fővárosi Szabó Ervin könyvtár elegáns palotájában; Kenesén, a fehér parasztbarokk épületben, és Velencén, ahol élmény belépni a tóra néző kúriába.

Az érettségit követően alkalmam nyílt, hogy kiadás előtt lévő kéziratokhoz kommentárt fűzhessek a korosztályom képviseletében. Jó móka volt látni, hogy komolyan vesznek-e egy negyvenés egy hatvanéves „levelező munkatárs" mellett, mivel hárman kaptunk egy kéziratot. A magyartanáromnak köszönhettem az élményt. Ő nem is tudta, hogy gyerekként babák helyett mininyomdával szerettem játszani. Egy amerikai bélyeggyűjtő szerezte be ezt a ritka ajándékot Lajos kérésére. Így apám nem csodálkozott, amikor a pályaválasztáskor először a könyvtárt emlegettem.

– Fontold meg – kért. – A könyv jó barát, a könyvtár menedék. Ha munkahellyé változtatod, valamit el is veszíthetsz. Válassz olyat, ami azt a világot mutatja, amiről olvasni szeretsz.

Olyat választottam. A könyvtár meg is hálálta a maga módján. Havas estéken, kis zöld lámpák fényénél, szép csillár alatt messzinek tűntek a zajok, időrabló emberek, rossz tapasztalatok. Utóbbiból akadt bőven. Kedveltem a hosszabb, randevúzgatós kapcsolatokat, de végül mindig színt kellett vallanom. Főleg, amikor olyat ajánlottak, amire nem volt szükségem, cserébe meg azt kérték, ami számított. Nem bántódtak meg, hiszen gondosan utaltam rá, hogy én „gyári hibás" vagyok. A Szabó Ervin könyvtár előcsarnokában egyik este kis cédulát toltak elém, hogy majd kinn olvassam el. Egy őszülő hajú, bariton hangú úr kérte ezt tőlem, és szemüvege mögött huncut tekintetet láttam. Először pedig azt hittem róla, hogy valami nagyon komoly dolog foglalkoztatja... Szerelembe esések közt mindig is a váratlan a legjobb, és a miénk az lett.

Néhány évvel később együtt lapozgattuk az izraeli meghívásomról készült albumot, ami még a digitális képözön előtt született. Társam ujjai megálltak a Siratófal egy közeli felvételénél.

– Az az – mondtam. – Te is szerepelsz ott.

– Még nem is ismertelek...

A szürkéskék szemek magyarázatra vártak.

– Kívánságként betettem az egyik falrésbe egy összesodort cédulát a te tulajdonságaiddal és külsőddel. Olyan embert kívántam magam mellé, aki vonz és meg is tart, olyan mágnesest.

– Ilyen erővel mágnást is kívánhattál volna. Nem bántad meg?

– Nem.

Ez a *nem* meggyőző volt, és vele el is múlt fejem felől a régi NEM-ek hatalma.

Már csak a „fizikai idegrendszerem" támadásával kellett szembenéznem. A nagy kiterjedésű és ritkának számító neurinóma közben új tapasztalatokat hozott. Szívmelegítő figyelmet több orvostól, akik stagnálásra bírták. Nekik is köszönhetem, hogy időm is, kedvem is lett a fentiek megírásához. Ha most a teraszról a kert sarka felé pillantok, látom, amint társam babrál a teleszkópjával. Biztos a hold krátereit nézegeti. Aztán lassan elfordítja és pásztázni kezdi az égboltot, ami még annyi titkot rejteget.

Budapest, 2020 március 31.

*Taverna Rt képviseletében
a szerző.*

*Társam Laci a Mágnesember,
aki nagyot fordított az életemen.*

*Doralina szerint
az anyaság nyújtja
számára az egyetlen
folytonossági élményt.*

Az utolsó szó jogán

Nagyobb társaságban mellettem arról beszélgettek, hogy egy könyvet mindenki írhatna a saját életéről, de minek és kinek... Nem folytam bele. Közben arra gondoltam, milyen lehet egy csodálkozó gyerek és egy szubjektív felnőtt tapasztalata összeötvözve. Ami nem életrajz, nem is családregény, inkább párbeszéd a sorssal. Kinek szól? A bevállalóknak és az elengedőknek. Azoknak, akik odafigyelnek a kétféle stresszre, és megpróbálják tudatosan kezelni. A feladáskerülőknek... Határátlépőknek, akik elhagyták Magyarországot, és az okokról néha mesélnek utódaiknak. Nagy adomány a képzelőerő, viszont az én szereplőim húsvér emberek, vagy azok voltak... Képeiket nem tartjuk fiókokban, hanem fali tablóinkon. Így olyan, minta élőláncot alkotnának, és talán már nemcsak nekem.

A szerző

Cornidesz Kiss Judit Budapesten született 1943-ban. A főiskola és a Közgazdaságtudományi Egyetem elvégzése után nagyvállatoknál végzett külkapcsolati tevékenységet – ahogyan megfogalmazta: utazó közgazdász lett. Szívesen képviselte a magyar színeket külföldi rendezvényeken. Kedvenc időtöltése új országok megismerése, fényképezés, és érdeklődik az Ayurvéda sokrétű területe iránt. Jelen kötete előtt gazdasági témájú írásokat publikált és több cikkét a Kineziológia Magazin közölte.

novum KIADÓ A SZERZŐKÉRT

A kiadó

Aki feladja,
hogy jobbá váljon,
feladta,
hogy jobb legyen!

E mottó alapján a novum publishing kiadó célja
az új kéziratok felkutatása, megjelentetése,
és szerzőik hosszútávú segítése. Az 1997-ben
alapított, többszörösen kitüntetett kiadó az egyik
legjelentősebb, újdonsült szerzőkre specializálódott
kiadónak számít többek között Ausztriában,
Németországban és Svájcban.

**Valamennyi új kézirat rövid időn belül egy
ingyenes, kötelezettségek nélküli kiadói
véleményezésen esik át.**

További információkat a kiadóról és
a könyvekről az alábbi oldalon talál:

www.novumpublishing.hu